55歳からの時間管理術

「折り返し後」の生き方のコツ

齋藤 孝 Saito Takashi

NHK出版新書
585

はじめに

「人間《にんげん》五十年、下天《げてん》の内をくらぶれば、夢幻《ゆめまぼろし》の如くなり」

室町時代に流行した舞曲である幸若舞《こうわかまい》の演目「敦盛」の一節です。人の一生の50年は、天界の時間とくらべれば夢幻のように儚いものだ――という意味になるでしょうか。

『信長公記』によれば、織田信長は好んでこれをたびたび舞ったそうです。

信長が天下統一を目前としながら本能寺で明智光秀に討たれたのは、数えで49歳の時。文字通り、人生を太く短く生きたわけですが、人の一生が50年しかないとすれば、その時間はたしかに夢のようにあっという間だと言えるでしょう。

日本では「人生50年」という言い方が長くされてきました。実際に、戦後すぐの1947年における平均寿命は、男性が50・06歳、女性が53・96歳でしかなかったのですから、それは一定の説得力がありました。

しかし、高度成長の中で平均寿命は飛躍的に延び、1970年代後半までに、男女とも世界一を達成します。

その後順位の変動はあるものの世界最高水準を維持し、最新の2017年の日本人の平均寿命は、男性が81・09歳、女性が87・26歳。いずれも過去最高を更新しています（厚生労働省「簡易生命表」より）。

また、やはり厚労省の発表によると、2018年9月1日現在で、住民基本台帳に基づく100歳以上の高齢者（センテナリアン）の総数は6万9785人となっています。

最近政府が盛んに提唱している「人生100年時代」が実現するのはもう少し先の話かもしれませんが、いまや「人生90年時代」を迎えたという言い方をしても、あながち間違いではないでしょう。

かつて私は、『成熟力――「45歳から」を悔いなく生きる人生のリスタート！』という本を書きました（2013年、パブラボ）。この本のテーマは、45歳を人生の折り返し点とし、それ以降を「成熟世代」と名付けて、後半生を悔いなく生きる方法を考えるというものでした。

人生を90年と考えるなら、45歳という年齢はまさしく計算上の折り返し点です。しかし読者のみなさんの実感として、45歳は身体も充分元気だし、まだまだ前半戦の真っ最中という思いが抜けきらない年齢かもしれません。多くの人にとって、それは50歳でも変わらないでしょう。

むしろ、人生における様々な変化がはっきりと現れてきて、「とうとう折り返し点だな」と否が応でも自覚せざるを得ないのは、55歳になる頃なのではないでしょうか。

私の経験上、45歳の時点ではまだ気力・体力ともに充実した30代の勢いがまだ残っています。しかし、それを過ぎる頃から次第にエネルギーの減退を感じるようになります。体に無理が利かなくなったり、少し深酒をすると、翌日に影響するようになったり……。あるいは、大きな病気にかかってしまうこともあるかもしれません。

これらは主に身体の状態についてですが、55歳頃になると、社会における立ち位置についても、変化が現れてきます。

その変化として本書が注目したい最大のものが、「暇になる」ということなのです。

「それどころか、近頃ますます忙しいよ。暇があったらどれだけいいことか」

「まだまだ働き盛りなのに、悲しいことを言わないでほしい」

そう反論される方も多いでしょう。確かに企業の中でリーダーシップを発揮して、重要な仕事をこなしている55歳あたりの方が多いことに異存はありません。

しかしそういう方でも周囲を見渡してみるとどうでしょうか。

昔から会社員生活の転機として、出向というものがありました。「片道切符」を渡されてそれを打診されるのが、だいたい50代になってから。また厳しい市場競争のなかで、大企業の早期退職募集の話はよく報じられますが、募集の対象となる中心は50代です。

最近では役職定年といって、一定の年齢に達すると管理職から外れなければならないという制度を採用する企業が増えています。そうなると、年下の元部下から指示を受けるような立場になるわけですが、この役職定年の対象となるのもやはり55歳頃です。

さらに、希望者に対する65歳までの雇用が法律で義務づけられている一方で、今は選択定年という制度を導入する企業もあります。これは、会社員がある年齢に達したら、割増退職金を得て自分の意志で退職を選ぶことができるというものです。

こうしたいろいろな選択肢が与えられる中で、それまでの仕事一辺倒の生活スタイルを変えることを余儀なくされている方が大勢いらっしゃるはずです。

それに、バリバリやっているという方でも、「そういえば前に比べれば自由な時間が増えたなあ」という方も多いのではないでしょうか。自分の裁量で仕事を進められるようになり、上司の指示に従っていたそれまでと違って、時間に融通を付けることができるようになっているからです。

暇になるということは、一方では「退屈」との闘いがあります。私はこの「退屈」を現代社会特有の不安であると注目して、『退屈力』という本を書いたこともあるくらいです（２００８年、文春新書）。

暇になるとはゆとりができるということでもあります。これまで忙しさを言い訳にして、取りかかれなかったことにチャレンジする、またとない機会がめぐってきたと言えるのです。これを生かさない手はありません。

ついに手に入れた自由な時間をどうやって過ごせば、人生を充実したものにできるのか――。それが本書のテーマです。

あなたが会社に勤める身であるならば、いずれ定年を迎えます。

そのときあなたは60歳や65歳。そこから生活のスタイルを変えようと思っても、いきなりは難しいのではないでしょうか。眼前に広がる有り余る時間に、途方に暮れてしまうことだってあり得ます。

それよりもっと前、たとえば55歳頃から徐々に「ライフスタイル」を変えていけば、スムーズに後半生へと移行することができるでしょう。

その準備を始めるのは、50歳では早すぎるし、60歳では遅すぎるのです。

本書は、そうした「折り返し後」を幸福に生きるためのコツのようなものを、時間の使い方を中心に考えるための本です。

まず第1章では、55歳という年齢を人生のなかでどのように位置付ければよいか、さまざまな例を挙げながら見ていきます。とくに『論語』の人生区分にしたがって、55歳以降の人生の目標を設定していくことにします。

第2章では、55歳以降の時間の使い方について、具体的に考えていきます。キーワードは「自分の時間割は自分で決めよう」ということです。「時間管理術」は忙しい時以上に、暇な時こそ重要になるのです。

第3~5章は実践編です。55歳からの人生の重要なテーマを大きく「仕事」「教養」「社交」の三つに分けて、それぞれを充実させるためのヒントや注意すべきことをお伝えしていきます。

そして最後の第6章では、これから本格的な老いを迎える下準備として、古今の先達たちの生き方に、道を尋ねてみることにしましょう。

人生90年として、55歳以降は35年。

この決して短いとは言えない時間を、さらに実りあるものにするにはどうすればよいかを、読者のみなさんと一緒に考えていくことができましたら幸いです。

55歳からの時間管理術――「折り返し後」の生き方のコツ　目次

編集協力　坂田拓也
校閲　ラングドック
ＤＴＰ　早乙女貴昭

第1章　人生の中に55歳を位置づける

自分の寿命を自分で決めて生きる

１９６０年生まれの私は、今年59歳になります。

幸いなことに、大学で学生を指導するという本業のかたわら、こうして本を書かせていただく機会に恵まれています。テレビやラジオに出演することもよくあります。講演に呼んでいただくことも多く、毎日を忙しく過ごしています。

もちろんまだまだ元気なつもりですが、一方で「ああ、人生は結構来たな……」と感じているのも事実です。

私は、40代半ばに体調を崩して入院することになってしまったのですが、それ以降、やがて自分の身に訪れる死というものを、身近に考えるようになりました。まだ死が目の前に迫っているわけではないけれど、親を看取ったり、あるいは親しい友人に先立たれたりして、死に対して心構えを持とうという気持ちになったのです。

私がこのように「死生観」というものを真剣に考え始めたのは、ちょうど55歳を過ぎた頃だったと思います。

「はじめに」で「人生90年時代」と書きましたが、いまの時代、実際に90歳、１００歳まで生きる人は、確かに少なくありません。

文化人類学者のクロード・レヴィ＝ストロースが亡くなったとき、100歳と聞いて驚いたのが10年前のことですが、最近も天寿を全うされる方が少なくありません。2015年に亡くなった往年の大女優・原節子さんは95歳。先日旅立たれた日本文学研究者のドナルド・キーンさんは96歳でした。2018年に訃報を聞いた、『砂の器』や『八甲田山』で知られる脚本家の橋本忍さんは、100歳という長命でした。

100歳以上の「センテナリアン」はいま、全国で7万人に達しようとしています。

しかも、介護を受けたり寝たきりになったりせずに日常生活を送れる期間を示す「健康寿命」も延び続けています。厚労省が公表したところでは、2016年で男性が72・14歳、女性74・79歳。2013年時点と比べると、男性が0・95歳、女性は0・58歳延びたといい、平均寿命との差も縮小しているそうです。

これほど健康長寿の人が多いと、自分もそれだけ生きられるのではないかと希望が持ててきます。

たとえば「××歳まで生きよう！」と決めるのも、一つの目標の立て方です。

俳優で、近年は映画監督としての活躍も目立っている奥田瑛二さんは、60歳を過ぎた頃に「98歳で死ぬ」と決めたそうです。

奥田さんは、尊敬する映画監督の新藤兼人さんが100歳で亡くなった時、「尊敬する先達を超える年齢を生きたいけれど、それはいけないだろう」ということで、新藤監督より少しだけ短い98歳を、自分の寿命に決めたのだといいます。

新藤監督は、亡くなる直前まで映画監督としてカメラを回していました。奥田さんも、98歳まで生きる、それまでずっと映画監督を続けると話しています。

死という運命は我々を不意打ちするものである

もちろん言うまでもないことですが、「××歳まで生きる」と決めたとしても、その年齢まで生きられる保証はありません。

たとえば「90歳まで生きる」と決めたのに、それよりずっと短く生を終えてしまうことだって、充分あり得ます。

はたしてそれは不幸なことでしょうか。

ドイツの哲学者、マルティン・ハイデガーは『存在と時間』の中で、我々は運命に不意打ちされる、つまり死というものに突然襲われるものだと書いています。

ハイデガーは、死がいずれ訪れることを自覚して、今をきちんと生きることが人間の本来的な生き方であり、それによって、本当の生き方、人生における大事な生き方ができると考えたのです。

それに対して、死ぬことを自覚しないで、それをごまかしつつ生きることは、非本来的な生き方（または「頽落《たいらく》」した生き方）だとハイデガーは言います。

私がここで思うのは、自分で寿命を定めてそれに向かって生きている途上の死であれば、それは「・ｉｎｇ」、すなわち現在進行形の生の中で亡くなることなのではないか、ということです。

たとえば90歳まで生きると決めれば、90歳までの人生が常に進行形で進みます。常に「ｉｎｇ」であり続け、そして「ｉｎｇ」の中で亡くなるということです。

隠居することなど考えないで、やりたいことを続けている間に亡くなる。同時にいろいろなことをやっているなかで、いつ死んだかすら分からない。それはむしろ自然であり、望ましい死に方だと思います。

55歳を『論語』に当てはめてみると

さて、本書のテーマである「55歳からの時間管理術」については、次章以降で具体的に述べていくこととして、この章では、人生の中で55歳とはどんな年齢なのか、考えていくことにしましょう。

まず手がかりにしたいのが、『論語』に出てくる次の一節です。

子曰わく、

「吾れ十有五にして学に志《こころ》ざす。三十にして立つ。四十にして惑わず。五十にして天命を知る。六十にして耳順《みみしたが》う。七十にして心の欲する所に従って、矩《のり》を踰《こ》えず」

（為政第二）

（先生がいわれた。

「私は15歳で学問に志し、30にして独り立ちした。40になって迷わなくなり、50にして天命を知った。60になり人の言葉を素直に聞けるようになり、70になって思ったことを自由にやっても道を外すことはなくなった」）

『論語』のなかで、もっとも有名だと言ってもいい一節です。40歳を「不惑」と表現するのはすっかり一般的になりましたが、ここには人間が成熟していくプロセスが見事に表されています。

ここに当てはめると、55歳とは、「天命を知る」50歳を少し過ぎ、「耳順う」60歳へ向かっているところになります。

私が提案したいのは、55歳の時点で、「天命を知る」(50歳)、「耳順う」(60歳)、そして「心の欲する所に従って、矩を踰えず」(70歳)、この三つをすべて目標にしてみよう、ということです。

天を考えて生きれば人目は気にならない

まず「天命を知る」とは、自分がこの世に持って生まれてきた使命とは、どのようなものであったかを知ることです。

「天命」と書けば非常に大げさに感じますが、公的なものであろうが私的なものであろうが、あるいは大きい、小さいといったことは関係ありません。

ポピュラーソングでは、「この人と出会うために生まれてきた」という歌詞がよく歌われますが、恋愛のように個人的なことが天命であってもいいわけです。そう思える人に出会えたとすれば、それは天命を知った、ということになります。

もちろん、自分に課せられたもう少し社会的な使命のことを、天命だと考える人もいるでしょう。

偉大な業績を残した、社長になれたという大げさなことではなく、仕事上の大きなプロジェクトに対して、自分は一部でも関わったと思えるのであれば、それは天命を知ったと言っていいと思います。

「天」という概念を重要に考えた人物として、西郷隆盛が挙げられます。

西郷は、次のような言葉を残しています。


人を相手にせず、天を相手にせよ。天を相手にして、己れを尽し人を咎《とが》めず、我が誠の足らざるを尋《たず》ぬ可《べ》し。

(『南洲翁遺訓』)

これは、「狭量な人間世界にこだわるのではなく、広大無辺の天を相手にしなさい」という意味です。

天を相手にすれば、周りの人の目はそれほど気にならなくなり、自分が納得できる生き方ができます。

孔子も「我を知る者は其《そ》れ天か」（私のことを知ってくれるのは、天だ）と言っています。これは、天が自分を見ていると思うことで、自分を愛することや哀れむことをあまり考えなくてもいいということです。西郷の考えもここにつながってきます。

人から評価されず天から評価される

天を相手にするということは、自分の成績は、人ではなく天に付けてもらう。もっと言えば、自分の成績は自分で付けるということでもあります。

55歳とは、人から評価されることが終わる年齢です。

学校に通っている間は、成績を付けられることから逃れられません。社会に出て、テストの点数による評価からようやく逃れられたと思っても、今度はより厳しく業績や成果といったものを査定されます。恋愛しようにも、「結婚市場」という名前が示すとおり、評価にさらされることになります。

「もうそれらはいいよ」と言えるのが55歳です。人から査定されるのはもう終わり。これからは天から評価される、すなわち天命を知る時期なのです。

55歳になった時、自分が何を果たしてきたか、すなわち天命を知らなければ、何のために生きてきたのかという不安にさいなまれてしまうものです。

「これまで自分は何も果たしていない」と思われる方がいらっしゃるかもしれませんが、心配は無用です。先に「天命」といっても小さなことでかまわないと書きましたが、たとえばここまで大きく道を踏み外さずに社会生活を送ってこられた、ということでもいいのではないでしょうか。

大きな実績は必要ありません。小さなことであれば、自分がこれまで社会の中で果たしてきた役割は見つかるでしょう。

自分が存在したことによって、必ず何かは変わったはずです。それを肯定的にとらえ、できるだけプラスの面を考えること。マイナスの面を考えても仕方ないのです。

かつてあやまちをおかした人でも、反省し、償い、その後の生活をまっとうできていれば、それでいいのではないでしょうか。

天命を知れば、心が自然と落ち着きます。それは、心の中の焦りを排除するということです。

55歳以降をよく生きるコツの一つは、「焦りを排除する」ことです。

55歳以降、死への恐怖をずっと抱えていると、「どんどん残りの寿命が少なくなってくる！」と焦りにつながってしまいます。これはよくありません。

55歳は「ゲームセット」の時

55歳は、他人の目が気にならなくなるという年齢でもあります。

いや、第5章で触れる社交の面からすれば、最低限のきちんとした身なりをするということはもちろん必要です（とくに「異性にモテたい」と思うならなおさらです）。

ここで言いたいのは、他人の評価が気にならなくなるということです。

若い頃は学歴競争があり、社会人になれば出世競争がありました。とくに社会に出てからは、誰が先に結婚したとか、子供が生まれた、家を建てた……、そういった競争も重なってきます。

それは、他人の評価が大変気になっていた時代でもありました。

でも55歳になったら、そういった競争はもう「ゲームセット」です。ゲームが終了してしまったのだから、ここから逆転はできないのです。もしかしたら、自分が想像していたよりも不調に終わってしまったかもしれません。

しかし、好調だろうが不調だろうが、ゲームが終了したことに変わりはありません。天に対して「これで天命を果たしたということでいいでしょうか？」と尋ねてみて、答えとして花丸をもらって終わることが出来ればいいと思います。

頑迷な老人になってはならない

60歳の「耳順う」というのは、「他の人の言うことに素直に耳を傾ける」ということです。

孔子は昔から人の言葉をよく聞く人物だったと言われていますが、年を取って頑なになるのではなく、より心を柔らかく保てるようになったのも孔子の偉大なところです。

孔子は「四絶」と言っています。


子、四を絶《た》つ。意母《な》く、必《ひつ》母く、固《こ》母く、我《が》母し。

（子罕第九）

（先生には、次の四つのことがけっしてなかった。自分の私意で勝手にやる意がなく、なんでもあらかじめ決めた通りにやろうとする必がなく、一つのことに固執する固がなく、利己的になって我を張る我がない。）

これは、頑迷になってはならないという教えです。

とくに、他人の言うことが耳に入ってこないようでは、社交どころではありません。若い人が「この本が面白いですよ」「今、このドラマが流行っていますよ」と教えてくれれば、その本を読んだり、ドラマを観たりする。心の門戸をいつも開いて、柔らかく対応することは、とても大事です。

速音読で知的体力を鍛え直す

加齢に従い、いよいよ人の言うことを聞き入れなければ、「キレやすい頑固老人」の道をまっしぐらということになってしまいます。

脳科学の研究の中で、頑固さの原因として「前頭葉」の機能の衰えが指摘されるようになってきました。

怒りの感情は、脳の「大脳辺縁系（感情や本能を司る部分）」という場所で作られます。それを抑制するのが前頭葉の役目なのですが、この機能が年齢とともに低下して、感情が抑制できなくなるというのです。

また前頭葉（理性を司る部分）の中で、とくに前頭前野と呼ばれる領域の働きが悪くなると、不安や焦りにかられてしまうことが分かってきました。

不安や焦りを脳の働きで説明するなら、それは視床下部の扁桃体《へんとうたい》が興奮してしまう現象です。ノルアドレナリンというホルモンが分泌され、攻撃の準備をします。

たとえば人間が猛獣に襲われた時には、警報装置として扁桃体の興奮現象が起こります。これは猛獣から逃げるためには必要なことです。

しかし興奮現象が続くと癖になってしまい、常に不安に襲われるようになってしまうのです。その興奮現象を起こしている偏桃体に、たとえて言うなら水を掛けてシューッと冷ますような働きをするのが前頭前野です。

逆に、脳を鍛えて前頭葉の働きを高めることができれば、不安や焦りを抑えることができるとも言えます。

私は脳科学の専門家ではありませんから、はたして脳を鍛えるということがどこまでできるのか、はっきりしたことは言えません。ただし少なくとも、「音読」をしているときに脳の前頭前野が活性化することは事実のようです（川島隆太・東北大学加齢医学研究所教授の研究による）。

私が勧めるのは、ただの音読ではなく、できるだけ速い速度での音読（私の用語で言えば、速音読）を日課にすることです。川島教授にうかがったところ、同じ音読でも速く読むことで頭の回転速度が上がり、毎日行えば脳がつくり替えられるとおっしゃっていました。

実感としても。速音読すると頭がしっかりと冴えた気がして、心まで整います。不安や焦りもなくなり、落ち着いて生活できるようになるはずです。

55歳という年齢は、今までのようには組織でのやりがいが感じられなくなり、その結果、不安や焦りに襲われてしまう可能性のある年齢です。だからこそ暇な時間を使って、知性を磨くことが必要になってくるのです。知性を鍛えることによって、感情をコントロールしていくという考えです。

後半生を生きるために、知的体力を鍛え直すこと。

それができれば、70歳から80歳、そして90歳になっても、「あの人は頭がしっかりしているね」と言われることでしょう。頭がしっかりしたまま90歳を迎えることができるなら、幸福な人生が約束されたようなものです。

55歳になったら人目は気にしなくていい

さて『論語』に戻って、70歳が「心の欲する所に従えども矩《のり》を踰《こ》えず」。

「矩」とは規則やおきてといった意味で、「矩を踰えず」とは「道徳や規律から外れることがない」ということになります。

人の心の中には願望や欲望といったものが常にあるものです。その願望や欲望に従って自由にふるまおうとすると、たいていの場合はやり過ぎて、ルール違反を犯してしまったりします。

しかし70歳ともなると、人目を気にせず心のおもむくままに行動しても、世の中のルールから逸脱することはなくなる。自由にふるまってもそれが自然と世の常識の範囲内に収まっている。孔子が言わんとしたのは、そういうことです。

それは「常識力」がついたということです。何をしても「たがは外れない」というのは大事なことです。

一部に暴走する中高年はどうしてもいるにせよ、会社勤めをしてきた大多数の方は常識が身に付いていますので、自由にしてもルールを逸脱することはありません。それは、人目を気にせずにリラックスして生きていける良さにつながります。

私が大学で教えている学生たちは、周りの目を常に気にしています。

友達に恋人ができたけれど、自分にはまだいないので恥ずかしいという焦りは昔からありましたが、今はそれに加えてＳＮＳという悩みの種ができてしまいました。

今の学生たちは承認欲求が強すぎるというのか、ＳＮＳに投稿すれば、みんなから「いいね！」を押してもらいたくてたまらない。「いいね！」を押して欲しいばかりに、投稿の中身に関係なく、友人とお互いに「いいね！」を押し合うという学生もいるようです。

これらは人の目を気にしているからこそ生まれる感情です。周りに彼女のいる人が皆無であれば、自分に彼女ができなくても、少なくとも焦りは生まれないはずですから。

20歳と55歳を比べれば違って当然ですが、55歳は、人の目を気にしないで生きていけるという、安楽の地にたどり着いたと言ってもいいでしょう。

デカルトの良識力

ここで『論語』を離れて、西洋の思想家たちによる人生の過ごし方を見ていくことにしましょう。

「近世哲学の父」とも称されるフランスの哲学者・数学者のルネ・デカルトは、『方法序説』第一部を「良識はこの世でもっとも公平に分け与えられているものである」と書き出しています。

そして「正しく判断し、真と偽を区別する能力、これこそ、ほんらい良識とか理性と呼ばれているものだが、そういう能力がすべての人に生まれつき平等に具わっている」とした上で、「良い精神を持っているだけでは十分でなく、大切なのはそれを良く用いることだ」と述べています。

頭を正常に働かせて、デカルトの書く通り「良い精神」を「良く用いる」ことができれば、落ち着いて生活することにつながります。

55歳という年齢は、こういった良識をさらに健全に発達させていく段階に、ふさわしい年齢だと思います。

そう考えたのは、悲しいことに「良識」の反対とも言える「妄想」にとらわれてしまって、そこから抜けられないでいる中高年の方がたまにいらっしゃるからです。

私の元に、明らかに辻褄の合わない文章を長々と書いた手紙が届くことがあります。ファンレターだと思って真面目に読んでいたら、次第に私自身の感覚までおかしくなってくるような、そういう手紙です。

手紙の送り主たちは自分が妄想を抱いているとは、決して思っていないのでしょうが、しっかりと現実感覚を持つことは、とても大事です。

それは、車を運転していても事故を起こさないというイメージです。

車の運転は、事故を起こさなければとても楽しいものですが、なかには高速道路、とくに入り組んで分かりにくい東京都内の首都高速が苦手な人もいらっしゃいます。でも、首都高速が便利だからといって、必ずしも利用する必要はないわけです。それは回避して、快適な道で運転を楽しめばよいのです。

それを人間関係に置き換えるなら、諍《いさか》いが起こりそうな自分の苦手な人がいれば、付き合わないというやり方です。

敬して遠ざける「敬遠策」は、身を守る術《すべ》です。

55歳になれば、誰かに何かを強制されることはほとんどありません。首都高速には乗らない。苦手な人とは付き合わない。そういう選択が自分自身でできる年齢なのです。

「偏愛マップ」でやりたいことを見つける

仕事への意欲が失せてきている、人間関係が寂しくなってきている、そして生命力が落ちてきている——55歳という年齢を、いろいろなものが下降している年齢ととらえてしまったら、とてももったいない気がします。

イギリスの哲学者、バートランド・ラッセルは、自身が58歳のときに書いた『幸福論』の中で、若い頃より今の方がいい時を過ごしていると述懐しています。

> 五歳のとき、つくづく考えたことは、もしも七十歳まで生きるとすれば、まだ全生涯の十四分の一を耐え忍んだにすぎない、ということだった。そして、行く手に横たわっている長い退屈は、ほとんど耐えがたいものに思われた。思春期には私は生をいとい、いつも自殺の淵に立たされていた。（中略）今では、反対に生をエンジョイしている。いや、年々年をとるにつれて、ますます生をエンジョイしている、と言ってもよい。
>
> （安藤貞雄訳『ラッセル幸福論』岩波文庫）

ラッセルは、「生をエンジョイ」できている理由として、「自分がいちばん望んでいるものが何であるかを発見して、徐々にこれらのものを数多く獲得したことによる」と言っています。

つまり、自分を一度見直してみて、自分がやりたかったことや、やりたいと思っていたけれど忘れていたことを見つけ出し、これからそれに取り組むようにすればよいのです。

そのためには私が考案した「偏愛マップ」がお勧めです。これは、その名の通り「自分が偏って愛するもの」を1枚の紙に書き込んだマップのこと。

「リスト」ではなく「マップ」としたところがミソで、何か一つ好きなものを書き込んだら、そこから連想を広げて、「ああ、これも好きだった」「そういえばこれも」と加えていきます。まさに地図のように、縦にも横にもどんどん広がるイメージです。

この偏愛マップは、友達づくりやコミュニケーションのツールとして、誰かと互いに見せ合うことを前提にしたものですが、ここではそれを、自己分析ツールとして応用するのです。

偏愛マップが出来あがったら、それをじっくり2週間くらい見つめてみてはいかがでしょうか。そのうちに、「久しぶりに音楽をやってみるか」「前から考えていたけれど、山登りを始めてみよう」と、これから新たに没頭できるものが見つかるはずです。

２０１９年1月、大人気アイドルグループの嵐が２０２０年をもって活動を休止すると発表して話題になりました。会見でリーダーの大野智さんが「自由な生活をしてみたい。この世界を一度離れてみたい」と語ったことに対して、熱心なファンたちは、大好きな釣りや絵を描くことで過ごしたいに違いないとして、受け入れたのです（これを「大野くんの夏休み」と言うそうです）。

大野さんがジャニーズJr.の一員として初めてコンサートで踊ったのは、14歳になる年でしたし、嵐としてのデビューは19歳の時でした。普通の人よりも若くから、しかも2倍も3倍も働いてきたわけです。大野さんは今38歳ですが、普通の人が55歳になった時のような感覚なのかもしれません。

これまでずっと働いてきた55歳も、自分のやりたいことを見つめ直すことが出来る年齢です。自分が没頭できることを見つけて、もう一度、自分のエネルギーをそこに注ぎ込むのです。

55歳にエネルギーは残っているか

もしかしたら、もうそんなエネルギーは残ってないよという方がいらっしゃるかもしれません。確かに若い時ほどのエネルギーはないかもしれませんが、決して枯れ果ててはいないはずです。

私は、人間の心の中には「エネルギーの壺」とでもいうべきものが七つくらいあって、「あれをやりたい」「これをやりたい」という思いが詰まっており、それらの壺の蓋を開けたり閉めたりしていると考えています。

会社勤めの間は、忙しかったり、立場を考えたりして蓋を閉めてしまった壺もあるでしょう。改めて心の中を見て、閉めてしまったエネルギーの壺の蓋を開けてみるといいと思います。

精神学者のジークムント・フロイトは、この心の中の壺に溜まっているような生きるために不可欠な根源的エネルギーのことを、「リビドー」（性的欲望）と名付けました。

このリビドーが強すぎてしまうと軌道を外れてしまいますから、暴走を抑えるために「自我」や「超自我」（スーパーエゴ）が働いてバランスを取っているというのが、フロイトの考え方です。かといって超自我（～すべしという規範を指令）が強過ぎれば、抑圧状態になってしまってよくありませんから、エネルギーと超自我のバランスが必要になります。

しかし55歳ともなれば、孔子が「矩を踰えず」と言ったように、超自我の命令を意識しなくてもエネルギーをうまく解放することができるようになっているはずです。いろいろ考えなくても、バランスよくエネルギーを循環させるコツ。それは、習慣の形成です。

55歳にして、「良き習慣を手に入れた」ならば、その後の人生は安心です。

エネルギーをうまく循環させる

「アイデンティティ」の概念を提唱したことで知られるアメリカの精神分析家E・H・エリクソンは、人間の一生を8段階に分けたうえで、それぞれの段階において、課題が現れてくると考えました。

人の成熟段階に応じて課題があり、それを解決していくというのは、一種のゲームのようで楽しいかもしれません。

エリクソンは、そのうちの第7期にあたる40〜65歳頃の「壮年期」には、自分の時間やエネルギーを、誰かの世話をすること（ケア）に使うことが課題になってくると説きます。

子供や高齢者の世話をすることはもちろんですが、犬や猫、または植物を育てることでもいいのです。この課題を解決することにエネルギーを注げば、それが無駄に溜まってしまうことが避けられ、うまく循環していくことになります。

たとえば犬を飼ってみると、毎日散歩をしなければなりません。ここに力を注ぐことによって、エネルギーがうまく循環していきます。

他にも、絵を描こうと思えばそのための準備と時間が必要ですし、旅行に行くにしても山登りをするにしても、準備と実行が必要であり、エネルギーを使います。

何かを実行してエネルギーを放射し、それが循環できているという感覚が持てると、生きているという実感が湧いてきて、非常に心地よくなります。

体内のエネルギーを循環させるよい方法として、ライブコンサートへ行くということが挙げられます。

ライブ会場では単に音楽を聴くというだけに留まりません。自分自身がアーティストや他の観客と一体になることで、「生きている」という実感がとても高まります。

ライブが終わった後の誰もいない会場に残っていると、寂しさを抱くことになるでしょう。しかし自分の気持ちの中には、エネルギーを燃焼したという実感——祝祭感と言ってもよいかもしれません——が確かに残ります。

そうすれば翌日に普通の生活に戻ってからも、「また今日という1日も頑張って生きよう」という気持ちになります。

55歳になってエネルギーがなくなった、と嘆いても仕方ありません。むしろ、会社という負担から解放されてエネルギーの溜まった壺が開き、そこから元気になる……そんなイメージを持つことが必要だと思います。

向上心と幸福感

エネルギーを向上心に変換することができれば、なおいっそう幸福感が高まります。

スポーツ誌『Ｎｕｍｂｅｒ』（２０１９年2月14日号）で、Ｊ２の横浜ＦＣに所属する三浦知良選手（カズ）を特集していました。

「カズの秘訣。」と題された特集の中でインタビューを受けているカズ選手は、「いまは引退なんてまったく考えていない」と言い切っています。


でも、引退したいと思ったことはこれまで一度もないです。ましてや、試合に出られないからやめようと思ったこともないよね。だいたい引退して僕は何をやるの？

そういう決意を抱いているからこそ、カズ選手は「自分自身、まだまだ甘いし弱さもある」「ただもう、自分がいいプレーをしたいし、サッカーの質を上げたい。（中略）だから、ひたすらやるしかないですね」と言えるのでしょう。

カズ選手は２０１９年２月に52歳になりました。全体の平均年齢が25・71歳（２０１９年２月１日現在のＪ１、Ｊ２、Ｊ３全55クラブの登録選手１６２６人の平均／Ｊリーグ発表）というＪリーグの中では考えられない高齢ですが、それでもこうして向上心を持ち続けることができるのです。

それにしてもすごいです。

そこで思い出すのが、２０１９年３月に現役引退を発表したＭＬＢシアトル・マリナーズのイチロー選手です。

イチロー選手の向上心とプロ意識の高さについては、私も過去の著書で何度となく言及してきました。「初動負荷理論」に則った、しなやかで怪我をしない身体をつくるトレーニングや生活習慣と一体になった健康管理。そして、宮本武蔵のような勝負師としての心構え。

もちろん私も、深夜の引退会見を食い入るように見た一人ですが、「さすが！」と思わせる言葉の連続でした。
とくに印象に残ったのが次の部分です。

人より頑張ることなんてとてもできないんですよね。あくまで測りは自分の中にある。それで自分なりにその測りを使いながら、自分の限界を見ながらちょっと超えていくということを繰り返していく。そうすると、いつの間にかこんな自分になっているんだという状態になって。だから少しずつの積み重ねが、それでしか自分を超えていけないと思うんですよね。一気に高みに行こうとすると、今の自分の状態とギャップがありすぎて、それは続けられないと僕は考えているので。地道に進むしかない。進むというか、進むだけではないですね。後退もしながら、あるときは後退しかしない時期もあると思うので。でも、自分がやると決めたことを信じてやっていく。

向上心を持ち続けることの素晴らしさを、これほど教えてくれる方は他にいないでしょう。

広い世界を知る

ニーチェの『ツァラトゥストラ』（手塚富雄訳、中公文庫）の中に、次のような一節があります。

君は君の友のために、自分をどんなに美しく装っても、装いすぎるということはないのだ。

なぜなら、君は友にとって、超人を目ざして飛ぶ一本の矢、憧れの熱意であるべきだから。

私の「座右の銘」と言ってもよいほど大好きな言葉です。

ニーチェの言う「超人（ユーバーメンシュ）」とは、スーパーマンのように万能の力を持った存在というわけではありません。私の解釈では、常に今の自分を超えようと、未来へ向かって飛び続ける人のことを指しています。

向上心という「飛ぶ矢」にしたがって生きる感覚。55歳でこれをもう一回取り戻すべきです。

すぐにそれが役に立つことがなかったとしても、向上心を持って死ぬまで努力することが、これからの人生でも大切になります。

もちろん、会社に勤めていた時は、向上心を持ち続けて働いてきたと思います。だからこそ、55歳という生活の変化に際して、仕事以外にも向上心を持てるものを見つけ、それを維持していくのは大事なことです。

ただし大上段に構える必要はありません。

たとえば新聞を毎朝読む人は、充分向上心があります。毎朝読むことが当たり前の習慣になり、自分自身ではそこに特別な意味を感じていないのかもしれませんが、新聞を読んで社会問題に関心を持ち続けることは、向上心があることなのです。

もちろん新聞を読んで、紛争地の人道危機や大国間の貿易摩擦問題に心を砕いたからといって、その問題に対して自分が何か影響力を行使できるわけではありません。たとえそうであっても、関心を持って新聞を読むということ自体、非常に価値があります。

政治に対しても同じです。自分が関われないとしても、今、政治がどういう状態にあるのかを知ることは向上心がある状態です。

こうした知的好奇心を持ち続ければ、若々しい自分を維持することができます。

実は私は、アンチエイジングを無理に実行する必要は感じていません。年齢なりの容姿になり、疲れが現れてきたとしても、いいことだとさえ思っています。

しかし、精神の若々しさとも言うべき物事に対する関心を失ってしまうことは、よくありません。

再びラッセルを引いてみます。彼は広い外の世界を見ようとせずに内側にこもってしまうと、ねたみや恐れ、自己憐憫や自己満足といったネガティブな情念にとらわれて不幸になってしまうとし、「世界を広げていくこと」を非常に重要視しています。


私たちを自己の殻に閉じ込める情念は、最悪の牢獄の一つとなる。

幸福の秘訣は、こういうことだ。あなたの興味をできるかぎり幅広くせよ。そして、あなたの興味を惹く人や物に対する反応を敵意あるものではなく、できるかぎり友好的なものにせよ。

自分流の思い込みだけでは幸せになれない。外の世界と結び付きなさい――このラッセルのメッセージを、私は「55歳」のみなさんに贈りたいと思います。

（前掲書）

第2章

55歳の時間割は、自分で自由に決めていい

お楽しみは最初か最後か

さて本題です。55歳になってから増えた自由な時間をどのように使えばよいか。それを考えていきましょう。

最初に単純に言ってしまえば、やらなければならない物事に1・2・3と優先順位を振って、その順番にやっていけばよいのです。

食事では、美味しいものを真っ先に食べるという人もいれば、最後の楽しみに残しておくという人がいます。

存分に味わいたいという意味では同じことなのでしょうし、突然お皿を下げられでもしない限り、最後まで取っておいても料理が消えてなくなることはありません。

しかし、人生の場合は違います。悲しいことに死ぬ時期は分かりません。とくに55歳を過ぎたなら、好きな物事を優先して実行していくほうがいいでしょう。

大事なのは、一番やりたいことからやっていくことです。仮に、ある日に優先順位の1と2はできたけれど、3までたどり着けなかったとします。そうしたら、翌日にまた1・2・3と順位を付けて、改めて1から順番にやっていく。前日の3が必ずしも翌日の1である必要はありません。

そしてまた次の日も、同じように順位を付けて、1からやっていく……。これを繰り返していけばいいのです。次第に、自分にとって優先されるべきは何なのか、分かってくるようになります。

55歳は、自分自身で物事の優先順位を決められるのです。

言い換えれば、55歳は、自分で自分の時間割を決めていい年齢だとも言えます。

学校に通っていた頃は、時間割が明確に定められており、その通りに活動することを求められました。

社会に出てからも、会社勤めをしていれば、日中の仕事の時間は、会議や顧客訪問など、細かいスケジュールがあります。また子育て中、とくに子供がまだ小さいうちは、生活の時間を子供に合わせなければなりません。

それらは、他者との関わりのなかで否応なく決められる時間割です。

しかし55歳からは、強制的に時間割を与えられることはもうありません。仕事でも生活でも、自分で決めることができるのです。

55歳の時間割のいいところは、嫌いな教科はやらなくていい、つまり好きな教科だけやって構わないということです。喩えて言えば、体育の好きな人は1日中体育、数学が好きな人は1日中数学ができるようになるのです。

自分で自分のスケジュールを立てる面白さ

自分で時間割を決めるのは、とても楽しい作業です。その時に、手帳は重要なツールとなります。

いまどきは手帳ではなく、スマートフォンをスケジュール管理に使っている方のほうが多いかもしれません。それぞれやりやすい方を選んでもらって構いません。

私がお勧めしたいのは、月曜日から始まって日曜日で終わり、横軸に時間の目盛りが入っている能率手帳タイプのものです。

そこに、学校の授業のコマのように、ポンポンと予定を書き入れていきます。予定が溜まってきたら、バランスを見ながらさらに予定を書き加えていく。

その際、当たり前のようですが1週間を見通しながら予定を入れていくのがポイントです。繰り返しの予定は、できるだけ同じ曜日に入れるようにします。何曜日は××の日と決められれば、リズムも出てきます。

実は私は「月日」は忘れてしまうことが多いのに対し、「曜日」に関してははっきり覚えていられるのです。そういう方は、多いのではないでしょうか。

1週間の予定を書き込む時に、曜日で色を変えることもお勧めします。そうすれば、月曜日はこういう日、火曜日はこういう日、とイメージが湧きやすくなります。週の後半は薄い色づけにしていくなど、ちょっと気を利かせれば、気分的にもメリハリが付いていくでしょう。

実感として、1件の予定は長くても2時間ぐらいがよいでしょう。それを1コマとして時間割に組み込んでいくイメージです。それ以上短くするとせわしない感じがします。逆に長くすると、たとえ友人との面会のような楽しい時間でも、必ず飽きが出てきてしまいます。

1日中本を読むとか、1日中釣りをするとか。何時間でも没頭できるものがある人は、それでも構いません。

しかし普通の日であれば、ある程度コマを入れたほうがいいでしょう。

私の日常の場合は、大学の授業が今は1コマ100分（1時間40分）。その間はずっと話し続けですから相応に疲れますが、やはり私には向いているというか、けっこう楽しい仕事だと思っています。

1日に授業を2コマ、3コマと持つことがありますが、それでも空き時間は出てきます。その時間をどう使っているかといえば、やはり2時間程度を1コマとして、予定を入れてしまいます。

フリー時間のようなかたちで空けていると、結局ダラダラしてしまって、振り返った時に無駄にしてしまったなあと思うことが多いものです。だから私は、無理にでも予定を入れてしまうのです。

1日に何コマも予定を入れてこなしていくのは、海外旅行に行くイメージでしょうか。めったに行けない国を訪れれば、誰しも「今日はこれをしよう。明日はこれをしよう」と、どんどん予定を入れるものです。夜、ホテルに帰って、「1日の間によくこれだけ回れたね」と振り返ることも多いはずです。

1週間ごとの振り返りが大事

予定を立てるのは大事なことですが、それに縛られすぎるのは窮屈です。当然、予定を変更することはあります。すべて決めた通りに動くことはできないでしょうし、予定外のことをすることもあるでしょう。

そして事後に、その日その日にやったことを書き込んでいく。日記風に一言二言書き込むのもいいでしょう。変更があったら、事後にそれも時間割に書き加えます。

そうやって1週間を過ごした後で、出来あがった時間割を眺めてみます。そこには予算と実績ではないですが、予定がどのように実行されたか、急に何をやったかが記入されています。「この1週間もなかなか楽しかったな」と思えれば上出来です。

この振り返りのコツは、毎日行うのではなくて、たとえば日曜日の夜などに、1週間単位で行うことです。

1日単位で振り返ると、何も予定が入っていなかった日などは、「今日は何もしなかったな……」と後ろ向きな気持ちで終わってしまいます。

しかし1週間単位で振り返れば、充実した日の合間に何もしなかった日があったとしても、「この日はゆっくり休むことができてよかったな」と、前向きな気持ちになることができます。

振り返りを考えると、1週間はとてもよくできた単位です。

私は、1カ月単位で振り返ることはありません。1カ月が過ぎてしまうと、たとえ手帳に残っていても、やったことの中身を忘れてしまっていることが多いのです。仮に覚えていたとしても、リアルに感じられなくなっています。

昨日のことがものすごく過去に感じる

このように、過ぎたことが遠くの出来事のように感じられるのは、充実した時間を過ごせている証拠だと考えています。

私は前日に起こったことを説明するときに、「このあいだ」と言ってしまう癖があります。決してとぼけているわけではありません。それが昨日のことだったとは理解していても、感覚として遠くに感じられるのです。3日前のことに至っては、はるか前のことのような印象です。

それはおそらく、私が1日に予定をいくつも入れているからだと思います。たとえば私は、仕事の後の夜の時間にも、ポンポンと予定を入れてしまいます。

ある日大学の講義が午後で終わったとすると、外出して映画を観たり、カフェで本を1冊読んだり、ジムで汗を流したり、あるいは知人との会合の席に出たりします。

さらに帰宅後の深夜は、録画しておいた海外ドラマや、欧州サッカーの生中継をテレビで堪能します。

こうして予定をポンポンこなして過ごしていると、同じ1日でも人の2倍も3倍も濃く生きたような気になるのです。読者の方にも実際にやっていただけると、前の日でもすごく遠くに感じられるという私の感覚が、分かってもらえるのではないでしょうか。

「年を取るにつれて、1年が経つのが早くなってきた」

そう言う方は多くいらっしゃいますが、失礼ながら、私には同意できません。私はむしろ、年齢と共に時間が経つのがどんどん遅くなっているのです。

「1年が経つのはこんなに遅いのか」

いつもそう感じています。

年を取ると時間が経つのが早いという感覚自体は、理解できなくはありません。たとえば5歳の子供にとっては5年間が自分の人生のすべてで、そのうちの1年間といえば、人生の5分の1をも占めることになります。その後年を取るにしたがって、当然「1年」という時間が人生全体に占める割合は小さくなっていきます。50歳の人にとっての1年間は、人生の50分の1に過ぎません。

たとえそうであっても、1カ月前がものすごく遠くに感じられるという私の実感は、決して嘘ではありません。1年前は、別の人生だったのではないかと思えるほど遠くに感じられます。

そして私は、そのほうがいいと考えています。「時間がなかなか過ぎてくれない」「若い時よりも時間がゆっくりと過ぎていく」という感覚を持てるほうが、充実した時間を過ごせているとと思うのです。

「この3年間はあっという間に終わってしまった」

「55歳からの5年間は、何をしていたのかまるで覚えていない」

それでは、寂しくないでしょうか。

挙げ句の果てに、「気づいたらあっという間に85歳になっていた！」というのでは、悲しいです。

それよりも、55歳の1年間を充実して過ごした後に、「まだ56歳か」と思えるほうがいいでしょう。

「この先、何年あるんだろう」

「あと、どれだけ生きなければならないのだろう」

それぐらいの感覚になれるほうがいいと思います。

1日にたくさんの予定をこなすことは、海外旅行に似ていると書きました。3泊4日の海外旅行を終えて帰国した時、それ以前のことは遠くに感じるのではないでしょうか。それは、異国での経験がそれだけ濃密だったということです。

時間の感覚は、その間に得た経験の量と質によって変わるものだと思います。

1年をともに歩むノートを作る

スケジュールを管理する手帳の他に、1年間をともに歩むノート――55歳の1年間であれば「55歳ノート」――を作成するのもお勧めです。そこに、自分の次の目標や、生活の中で見聞きした〝いい言葉〟を書き込んだりしていくのです。

手帳には、見開きで左頁がスケジュール欄、右頁が無地のメモ欄になっているものもありますから、その右頁を利用してもいいでしょう。

スマートフォンにもメモ帳機能はありますが、ノートとして形に残すほうが、よりいいと思います。

書いた文字には威力があります。とくに自分で書いた文字は、モチベーションを高めてくれます。目標を立てるのでも、自分の文字でしっかり書けば効果が違います。

私の場合は、まずマーカーなどで四角に囲ってページを色紙風にして、その中に文字を書き入れてみます。

本を読んでいて「これは名言だな」と思うような箇所があったら、それを書き抜きます。あるいは本の企画を思い付いた時は、仮でもいいのでタイトルを考え、そこに書き込みます。たとえ企画内容が曖昧な段階であっても、タイトルを書いてみれば、その気になっている自分がいるのです。いま出版したい本のテーマを書き出そうとすれば、すぐ50冊ぐらいになるでしょう。

ふと気付いたことでもいいのです。

歌集としては異例の大ベストセラーとなった、俵万智さんの『サラダ記念日』。その書名にも取られた〈「この味がいいね」と君がいったから7月6日はサラダ記念日〉は、日常の何気ないことに着目して記念日にしたという画期的な内容でした。

後に俵さんは、この歌が生まれた背景を、ご自身のツイッターで語っています。


何でもない日を記念日にしてくれる、それが恋。そう思ってサラダ記念日の歌を作った。ささやかな日々を記念日で一杯にしてくれる、それが自分にとっての短歌。そう思って歌集のタイトルにした。何でもない日の代表だった七月六日だけど、選んで

しまうと特別になる。今日何があるわけでもないのですが。(2011年7月6日)

もちろん私たちに俵さんのようなセンスは望むべくもありませんが、日常の些細なことでも記念にできるなら、それは充実した日々を過ごしていると言って間違いないでしょう。

あるいは、日々流れるニュースから気になったことを書き出しておくこともお勧めします。それらの中には、自分のモチベーションを高めてくれるものも少なくありません。テニスの全豪オープンで大坂なおみ選手が優勝した時に、「大坂選手、優勝おめでとう」と書くだけでもいい。あるいは水泳の池江璃花子選手が病を公表した時に、「頑張って」と書き入れるだけでもいいと思います。

自分に直接関係があるわけではありませんが、単にニュースを眺めているだけより、よほど刺激になります。たとえ山の中にこもって一人で暮らしていたとしても、世界とリアルタイムでつながっているという感覚が生まれ、とても健全だと思います。

あえて自分に負荷をかける

ここまで、どんどん予定を入れたほうがよいということを述べてきました。

それに対して、もしかしたら「せっかく余裕ができたのだから、そんなに忙しいのはゴメンだよ」「引退したら悠々自適に暮らしたい」と反論を持たれる方がいらっしゃるかもしれません。

私は、こうした感覚には罠が潜んでいると思うのです。のんべんだらりと過ごすことになり、充実した時間を過ごせなくなってしまう危険はないでしょうか。

それよりも、生活の中で、ある程度の負荷がかかったほうがいいというのが私の考えです。

55歳を過ぎると、周りから何かを強制されることが少なくなりますから、自分で意識する必要があります。

意識して自分に適度な負荷をかける生活をしていると、自律神経のバランスが整い、心身ともに好調になっていきます。

負荷がかかっている状態では、自律神経のうち交感神経が活発化して血管が収縮し、アドレナリンが分泌されます。いわば心身が、勝負にかかっているわけです。

それが終わると今度は副交感神経が優位になり、血管が弛緩して元に戻ります。

交感神経優位から副交感神経優位へ移っていく過程は、戦いが終わってお風呂に入るというイメージかもしれません。

こうして交感神経と副交感神経が交互に動くほうが、健康な状態が保たれやすいのです。生きている実感も、湧き出てくることでしょう。

とはいえ負荷といっても、やりたくないことをやるのは苦痛でしかありません。それよりは、やってみたいけれど、ちょっと大変だなということに挑戦するのがいいでしょう。たとえば、3カ月後に1曲披露するということを目標に、楽器を習ってみる。

こういう目標を立てると、練習にも身が入ります。才能に自信がなくても、3カ月あればなんとか形にはなるものです。

フルートを3カ月習ってみる。その次にチェロを3カ月習ってみる。そうしたことを続けていけば、生涯かけて真剣に取り組んでみようと思うものが出てくるかもしれません。

目標を目指す過程の充実感

こういった目標が一つあると、人生に軸が定まります。そこから向上心が生まれ、生きる推進力が増していきます。

私が教えている明治大学に、「カンボジアに学校を作る」という活動に関わっている学生がいるのですが、日々の勉強がすべてそこにつながっています。この目標が、その学生の生活にどれほど良い影響を及ぼしているか、見ているとはっきり分かるのです。

目標はどのようなものでも構いませんが、たとえば小説を書いて「芥川賞を取る」ということではどうでしょうか？

芥川賞は純文学の新人賞ですが、受賞の資格に年齢制限はありません。２０１３年に『ａｂさんご』で受賞した黒田夏子さんは、75歳9カ月での最高齢受賞が話題になりました。これは、１９７４年に『月山』で受賞した森敦さんの62歳を、39年ぶりに塗り替える新記録でした。

私が小説を書くことを勧めるのは、経験を積んである程度年齢を重ねた人が書くほうが、面白いものが書けるという持論からです。そこに、55歳を過ぎて余裕のできた時間を振り向けるのです。

もちろんいきなり芥川賞を目標とするのは、壮大過ぎるかもしれません。それなら公募の文学賞は様々ありますし、その前に文芸誌に投稿して掲載されることを目標にすることもできます。

または、本を出すという目標を掲げることもできます。出版社に原稿を持ち込んで企画を通すことはハードルが高いかもしれませんが、自費出版という方法もあります（それなりに費用はかかりますので、納得できるなら、という話です）。

本というかたちにこだわらなければ、今はインターネット上に自分の小説を発表することもできます。

そして首尾良く受賞したり、雑誌に掲載されたりすれば、さらに勢いが付きます。私の知人に、新聞によく俳句を投稿している方がいます。この方は、一度掲載されたことでさらにやる気になり、作句の情熱に突き動かされるようになったそうです。

もちろん最初から成果は意識し過ぎないほうがいいでしょう。受賞できるかどうか、掲載されるかどうかといったことは、あくまでも結果でしかありません。重要なのは、目標達成を目指していく過程で充実感が生まれるということです。まずはそれで充分です。

締切を決めてスケジュールを立てる

ある保険会社が企画したコンテストの審査員を務めていたことがあります。「あなたの人生後半を輝かせるシーンは何ですか？」と呼びかけて、とっておきの写真とそれに合わせたエッセイを募集するものです。

このコンテストの表彰式には、受賞者だけではなく、落選された方が来ることもありました。

ある年の表彰式で、落選された方とお話ししていた時のことです。その方が「まだ受賞できたことはないのですが、私は毎年この賞を目標にして、楽しく過ごしているのです」と言ったことが、私には印象的でした。

賞を狙って応募する以上、受賞できるか否かは大事なことですが、それよりも応募に向けて写真を撮り、エッセイを書く過程だけでも、充分に楽しいということなのです。

先に述べた、芥川賞を取るという目標を設定した場合と同様に、内容を考えて、何度も文章を推敲していく過程こそが重要なのでしょう。

その場合のポイントは、締め切りを決めることです。

「いつか書きたい」と思っている程度では、絶対に書き上げることはできません。都合のいいことに、こうした賞の公募には締め切りがあります。応募する賞が決まったら、締め切りから逆算してスケジュールを立てるのがいいでしょう。

もちろん普通の人が、突然ドストエフスキーになれるはずはありませんから、自分のイメージからほど遠いものしか書けないかもしれません。

しかし、出来不出来を気にかけて挫折してしまうくらいなら、それはそこそこにして、締め切りまでに書き上げることを優先すべきです。

満足感は苦労が大事

以前、大学で私が教えているクラスの学生に、「冬休みの間に小説を書く」という宿題を出したことがありました。

長いものは難しいでしょうから「短編でいい」と言ったのですが、クラスのほとんど全員が「えーっ⁉」と抗議の声を上げ、口々に「恥ずかしい」「大変」「辛すぎる」と言い出しました。なかには「絶対に嫌です！」と叫んだ学生がいたほどです。

私は「まあまあ、とにかく1回やってみようよ」となだめ、とにもかくにも全員に小説を書いてもらうことになりました。

2週間の冬休みが明けて最初の講義の日、全員の作品を人数分コピーして、みんながすべての作品を読めるようにしました。

そして次の授業で、それぞれ他の人の作品を最低一つ徹底的に褒めること、でも見え透いたお世辞はダメ、という課題を与えたのです。

果たして次の授業では、クラスの全員が、一人ひとり他の人の作品を徹底的に褒めまくりました。

みな、いい顔になりました。

その日の最後に、最初「絶対に嫌！」と叫んだ学生に感想を聞くと、「やってよかったです！」と言ってくれました。全員同じ感想でした。

2週間の冬休みの間、全員が小説を書くために苦労しました。それが形になり、褒められ、満足感につながりました。最初の苦労の過程がなければ、そこまでの満足感を得られることはなかったでしょう。

生き方のスタイルは自分で選び取るもの

目標を定めて生きることで、自分のスタイルというものが確立されてきます。

心理学者のアルフレッド・アドラーは「ライフスタイル」という言葉を使いますが、アドラーによればそれは、この世界における自分の位置付け、といった意味になります。

私にとってスタイルという言葉には、次のような意味を込めています。

一人の人間の行動のなかに感じられる、ある一貫性。一つひとつの行動の中にある〝その人らしさ〟。他の人と同じ内容の事柄を行っているはずなのに、人によって意味が異なって感じられる。そうしたときに、「そこにスタイルがある」と言っています。

その人の決まった性質を表す「個性」というよりは、むしろ「癖のワザ化」と言ったほうがいいでしょう。

アドラーは、ライフスタイルを変えることができるものと捉えていますが、私もスタイルとは自分で選び取っていくものだと考えています。

ただし、社会の枠組みにはまっていかなければいけない年代では、自分のスタイルを選び取るのは簡単なことではありません。仕事や家庭、そして人間関係においても、さまざまな義務やしがらみがあり、個人が選択できる範囲は決して広くないからです。

しかし55歳になれば、仕事は後進に道を譲ることが増え、家庭でも子供が自立を迎えるなど、一つのサイクルが終わる頃です。激しい競争はなくなり、焦りに悩まされることもなく、自分の生活を自分で組み立てられるようになります。

それはまさにライフスタイルを選べるということです。

年齢に応じて自分のスタイルを磨き上げる

ある人のライフスタイルとは、その人のアイデンティティそのものです。人にはそれぞれストロング・ポイントと言うべきものがあります。それを伸ばすことによって、その人のスタイルが出来あがっていきます。

音楽で言えば、サザンオールスターズにはスタイルがある、ということは誰もが分かるでしょう。ファンは、サザンのスタイルを愛し、新曲を待っています。人気のあるアーティストは、みな自分のスタイルを持っています。ファンは、アーティストの音楽という以上に、そのスタイルを愛しているのかもしれません。

スポーツでも同じです。サッカーでは、たとえば足がものすごく速い選手は、それを生かしてフォワードやウィングに就くことが多いでしょう。一方で、判断力に秀でた体格のある選手であれば、ディフェンダーに回って相手のプレーを予測しながら粘り強く対応することに、強みを見出していきます。

こうしたプレースタイルを、選手たちは自分の特性を生かしながら磨いていくものです。

ドイツ・ブンデスリーガで長年活躍している長谷部誠選手は、欧州の選手に交じってしまえば絶対的な運動能力が高いとは言えませんが、それでも一部リーグのクラブでいまなおレギュラーを務めています。

私が偉業だと思ったのは、長谷部選手がドイツのサッカー専門誌により、2018–2019シーズン前半戦のセンターバック部門1位に選ばれたことです。

長谷部選手はJリーグの浦和レッズでデビューした時は、センターハーフというポジションで攻撃に積極的に参加する選手でした。やがて守備的なボランチになり、ついには一番後ろのセンターバック（あるいはリベロ）となってさらに評価を高めているわけです。

長谷部選手は2019年で35歳になりました。ベテラン選手に必要なことは、判断力や予見力を磨いて、衰えていく運動能力をカバーすることです。若い時以上に精神的な粘り強さも必要になってきます。

長谷部選手はもともと〝やんちゃ〟で気性の激しい選手だったのですが、年齢を重ねることで、そうした性格をコントロールできるようになったのでしょう。

日本代表のキャプテンとしてもW杯3大会に渡って活躍するなど、キャプテンとしての歴代最多出場記録を持っている選手です。しかし日本代表での活躍もさることながら、屈強な選手が揃ったブンデスリーガのセンターバックとして活躍するほうが難しいかもしれません。

長谷部選手は年齢を重ねるなかで、自分のスタイルを築き上げ、それを武器に勝負しているという言い方もできるでしょう。

スポーツ選手の生き方に学ぶ

私はサッカーやテニスをはじめ、スポーツ観戦がとにかく好きです。その目的の一つに、スポーツ選手たちの「人生を追う」ということがあります。

彼らの選手寿命は短く、多くのスポーツでは30歳を超えれば「高齢」と見られます。30歳といえば、会社の中ではやっと一人前になれたかどうかといったところです。そう考えると、選手たちは、普通の人の3倍も4倍も早回しした人生を生きているという言い方ができます。

彼らは、選手としてのピークを過ぎたと判断された後は、猛烈な勢いで価値が下落していくなかで、それでもたゆまぬ向上心を持ってプレーしています。私はこういったベテラン選手たちを見て、この選手は1年をどのように過ごすのだろう、と思うのです。

サッカー・スペインリーグのバルセロナに所属するリオネル・メッシは、FIFAバロンドール（世界年間最優秀選手賞）に5度輝くなど、史上最高のサッカー選手と言われています。そんな彼のような選手でさえ、年齢による衰えを感じていることに私は驚きました。今は何年か後のことを考え、周りの選手に点を取らせることを課題にしている。自分は、後ろのポジションでもやれるようにしていく。それを試しているところだ——。

私が読んだ雑誌のインタビューで、メッシはこんなことを話していたのです。

メッシももう31歳。サッカー選手としては、まぎれもなく高齢と呼ばれる年齢に入ってきました。

彼は攻撃的なポジションに位置し、華麗なドリブルで切り込んでシュートを放つスタイルで、たびたびスペインリーグの得点王になってきました。同時にパスを出す技術も高く、アシスト王まで取ってしまうほどの選手です。まだまだ衰えは感じさせません。

そのメッシですら、自分の年齢を自覚し、従来よりも少し後ろに下がってパスを出す役割を試しているというのです。

私は今週末もまた、メッシのプレーが見られることを楽しみに、深夜テレビの前に座ることでしょう。

スタイルがある人はトータルコーディネートができている

メッシは言わば、次のスタイルを考えているということです。それはある意味では、仕事一辺倒のライフスタイルからのチェンジを考える55歳と、変わりはありません。

谷崎潤一郎の作品に『幇間《ほうかん》』という小説があります。幇間とは、芸を見せたりおべっかを使ったりして宴席を盛り上げる職業の男性のことで、いわゆる「太鼓持ち」です。主人公の桜井は、元は旦那衆の一人として柳橋で遊ぶ相場師でしたが、「太鼓持ちになりたい」と言い出して、本当になってしまうという話です。

羽振りのいい相場師から太鼓持ちへ転身したとなれば、世間から見れば凋落かもしれません。しかし本人が納得し、満足しているなら何の問題もありません。

それが、その人が自ら選び取ったスタイルだからです。本人が満足していることが分かれば、周りも認めるでしょう。

あるいは人間関係とは、スタイル間のコミュニケーションである、という言い方もできます。スタイルは人それぞれ異なります。自分のスタイルを周りに納得してもらえれば、周囲との人間関係もずっと楽になります。

他人と接することよりも、釣りや書き物を一人で黙々とすることのほうが好きな人がいるとします。

一見すると付き合いにくそうですが、それでも「この人は、付き合いはよくないけれど、決して人間嫌いというわけではない」「この人は、たまに出てきた時には付き合いがいい」といった具合に、それがその人のスタイルなんだと周りが納得できるなら、当人も生きやすくなるはずです。

スタイルは、ファッションで言う「トータルコーディネート」と同じです。

ネクタイをした正装にせよ、ジーンズにポロシャツのラフな服装にせよ、またはモード系の〝とがった〟服を着ていたにせよ、それがトータルでバランスよくコーディネートされていれば、その人はファッションのスタイルができているということになります。

人生において「トータルコーディネートができている」と言えば、自分の周囲、もう少し広い世間、そして大きな社会との関わりの中で、バランスの取れた距離ができているということです。

実は先に述べた、自分の1週間の時間割を作ることも、スタイルの確立につながっているのです。1週間を過ごして振り返った時に、時間割の中にどんな予定のコマが入っていたかを確認してみれば、そこには確かに自分のスタイルが現れていることでしょう。

55歳は自信を持った「いい大人」

55歳を迎えた後の時間の使い方から、必要になってくるライフスタイルのチェンジまで述べてきました。最後に、私自身が55歳になって感じた変化について触れておきましょう。それは、年上の方との人間関係です。

実は私は40代の頃まで、講演会などで不特定多数の方を相手に話す際には、相応に気を遣っていました。

聴衆には若い方もいますが、60代や70代の方もいます。40代の私は、高齢の方から見ればまだまだ若造です。中には、自分より若い人の話を聞いても、あまりありがたみを感じないという方もいらっしゃるはずです。

当時の私は、講演者として壇上に立つだけの根拠、つまり話をするのにふさわしい専門知識が自分にはあるということを、できるだけ強調しようとしていました。しかしその一方で、専門知識を前面に出すばかりでは、逆に反発される恐れもあるので、やり過ぎないように注意しなければならないという面もあります。そういう次第でいろいろ気を遣っていたのです。

しかし50歳を過ぎて、55歳になった頃でしょうか。私は自分の年齢に引け目を感じて、年上の方に気を遣いすぎるということがなくなりました。

「私ももういい大人ですから、言いたいことを言わせてもらいます」

そういうスタンスが取れるようになったのです。

55歳とは、もはや自分の年齢を気にする必要がなくなる時期とも言えます。自分より年上の60代、70代の方をリスペクトすべきなのは当然ですが、かといって「まだ若輩者なので……」と、何も言えないような年齢ではありません。

過剰に気を遣うことなく、ある程度自信を持って言いたいことを言わせてもらっていいのです。

物事を発言する時に、口に出す内容以前に、年齢は重要な要素です。同じ話をする場合でも、30歳の人が話す時、40歳の人が話す時、そして50歳の人が話す時は、聴く人の気持ちがそれぞれ異なってきます。

どうしても長い時間を生きてきた人の言葉のほうが、重みがあるのです。

55歳といえば、充分その重みを出せる年齢です。誰に対してもリラックスして接することのできる、いい立場がめぐってきたことを喜んでいいと思います。

第3章

仕事は社会貢献と考える

55歳からの時間管理術①

レギュラーから外れたスポーツ選手のように

役職定年や出向などの仕事上の転機は、ライフスタイルを切り替えるよいきっかけになります。

55歳は第一線を退き始める年齢で、バリバリと仕事をしてきた人でも陰りが見えてくる時期です。会社に入り、これまで登ってきた道がそこで頂点を迎えたわけです。これからその道を下りるというのではなく、スタート地点に戻ったと考えたほうがよいかもしれません。自分一人だけではなく、55歳以降はみな同じです。

気持ちをリセットしてこれからやるべきことは、これまで得た経験値を、チームのサポートに活かすこと。役職の責任から解放されてギアチェンジをすれば、仕事との向き合い方も変わっていくでしょう。そのためには、無用なプライドを捨てることが大事です。サポートする立場になったのに、無用なプライドを持っていれば周りは大変ですし、自分自身も苦しくなります。

自分をプロスポーツ選手になぞらえてみましょう。

第2章で、私がスポーツを熱心に見る理由として、スポーツ選手たちは、普通の人の3倍も4倍も早回しした人生を生きていることを挙げました。

チームスポーツでは、有力選手でもレギュラーから外されることが日常的にあります。W杯の代表メンバーに入っても、本大会で1試合も出場できないことは珍しくありません。とくに年齢が上がれば、レギュラーから外されてバックアップメンバーとして働くことが多くなります。あれほどの選手がベンチに回るのかと思う時もあります。

自分がその立場になった時にどうすればよいか？

スポーツ選手なら、活躍の機会を求めて他のチームに移るという選択肢もありますが、日本の企業社会は、まだまだ人材の流動性がありません。運良く移れたとしても、自分の期待する条件や環境で働けるかどうかは未知数です。

いまいる会社に留まることを第一の選択肢として考えることは、決して間違いではありません。

一つ言えることは、所属しているということの良さがあることです。

たとえばイギリスには、名士と言われるような方々が入る会員制クラブがあります。入会審査が厳しく、メンバーになれば社会的ステータスが上がります。名士たちはそこに所属するために、多額のお金を払っているのです。

そこまでは行かないとしても、人間はどこかのメンバーになっているという所属感を得られれば、アイデンティティが保たれます。

このように会社が所属感を与えてくれることは、やりがいのある仕事を得られるということ以上に大事な時があります。

所属感が精神を安定させる

私は大学院を出た後、無所属の生活が続きました。所属先がないというのは落ち着かないし、疲れるものです。

当時の私は、まさに『罪と罰』のラスコーリニコフ的な生活を送っていました。プライドだけ高いのに、仕事がなく、孤独感にさいなまれ、世間に対する敵意すら抱いていたのです。

そんな私が明治大学に専任講師の職を得たのは、33歳の時です。

それまで子供もいるのに無職という状態が続いていたわけですから、定職を得られたということは、生活上の大きな安心感を得ることができました。

その後おかげさまで本を出せるようになりました。本が売れるようになると、「大学を辞めて執筆や講演に専念したほうがいいのでは？」とよく言われました。しかし私は大学を辞めようと思ったことは一度もありません。

言うまでもなく、学生たちを指導するという この仕事が、文字通りの天職だと思えたからです。それと同等に、大学に所属しているということが、私の精神を安定させていることを実感していたからです。

人間は社会的な存在で、一人で生きていくのは大変です。とりわけ男性は、帰属感を求めるということがあります。

組織の一員であるという帰属感が、安心感につながります。たとえ役職定年や定年後の再雇用で給料が半分に減ったとしても。組織の一員としてあり続けられるのであれば、続けたほうがいいという考えはあるでしょう。

次章で触れる趣味や教養の世界だけで暮らし、精神のバランスを保つのは簡単なことではありません。

〝毎日が日曜日〟をずっと続けられる人は、特別な能力に恵まれている人です。普通の人は、長い間、働いて休むというリズムの中で生きてきたのです。

初対面の人から「何をしていますか?」と聞かれて、「毎日、本を読んでいます」「毎日、散歩をしています」というのでは、やはり少し虚しい。それよりは「こんな仕事をしています」と名刺を差し出せるほうが、尊敬を得られて引け目を感じないですむでしょう。70歳定年制を待たずとも、いまの時代は働きたいなら70代、80代でも仕事を続けることができます。人手不足の昨今、仕事がまったくないことはありません。

その際、自分の経験を社会に還元できることが望ましいと思います。

たとえば元教師の方が、引退した後に地域の子供たちを守るサポートをしていくというのは非常にいいと思います。報酬の額は問題ではありません。

いまの学校の先生は事務や学校行事に忙殺され、下校後の生徒のことまではなかなか手が回りません。残念ながら、理由が分からず休んだ子の家まで行くような余裕はなかなかないでしょう。

その点引退した先生なら、地域や学校のことを知り尽くしています。学校や自治体と協力して、サポート体制をつくるのです。

登下校を見守ったり、悩みを抱えている親や子供たちの相談役になったりと、できることは多くあるでしょう。子供たちに本の読み聞かせを行うだけでもいいのです。

いま児童虐待がたいへん大きな社会問題になっていますが、たとえばこうした体制を作るなかで、虐待されている子供を一人でも救うことができるなら、こんなによいことはありません。

私は、次世代の人間を育てるということは、とりわけ大きな社会貢献だと思っています。ただでさえ、日本が少子化という大問題に直面しているいま、子供たちが健全に育つような環境を整えることは、55歳以降の世代の重要な務めだと思います。

社会に貢献しているという充実感

「愚公山を移す」という諺《ことわざ》があります。地道に努力していれば、いつかは大きな事業を成し遂げられるということの喩えで、『列子』の「湯問篇」に出てくる説話に拠っています。

中国の黄河下流に、村人の交通の妨げになっていた高い山がありました。その山の麓に住んでいた愚公という90歳の老人は、村人のために山をよそに移そうとして、一族で土を運びはじめます。そんなことできるわけがないと周囲の者は愚公をあざけりますが、その姿に感心した天帝が、山をほかに移した――そういう話です。

いまはあまり聞かれない諺ですが、ポイントは、愚公が90歳という高齢になってからこの仕事を始めたことです。

55歳以降を生きるうえでのスローガンとして、この「愚公山を移す」はぴったりなのではないかと思います。

毎日忙しい若い人に対して、時間に余裕の出てきた世代には、とくに急ぎの仕事などありません。その時間を、社会貢献に向けるのです。

あるいは宮沢賢治の童話に『虔十公園林《けんじゅうこうえんりん》』という作品があります。

いつも笑ってばかりいて、周りから少し頭が鈍いのではないかと思われている虔十は、ある日母親に「杉苗七百本、買ってけろ」と言い出します。母や兄はいぶかりますが、父は、虔十の初めての頼み事だからと、それを認めます。

虔十は裏の野原に黙々と木を植え続け、亡くなったあとには林が残りました。それはいつしか子供たちの遊び場になり、やがて「虔十公園林」と名づけられて、ずっと保存されることになったという物語です。

賢治はこういう話が好きなのでしょう。「雨ニモマケズ」の中の「デクノボー」の精神も、ここにつながっています。

黒澤明監督の映画『生きる』もそうかもしれません。

志村喬《たかし》演じる市役所勤務の主人公は、無気力な生活を送っています。ところがある日、がんで余命宣告を受けたことをきっかけに、「お役所仕事」を脱して、市民のための公園作りに残された生を懸ける――そんなストーリーでした。
私たちは、若い時は社会に助けられながら生きています。55歳を過ぎて、社会に貢献できるような活動を続ければ、より充実感が得られます。こうした意識を持てれば、精神は健全に保たれます。

「まあまあの人生」で満足する

電車に乗り合わせた人が、「みんな死んでしまえ……」とブツブツつぶやいていたらどうでしょう。突然、何かをされたら困りますから、車両を移ることを当然考えます。

２０１９年2月、東京都内にある児童養護施設で施設長を務める40代半ばの男性が、施設内で刺殺されるという事件が起こりました。

逮捕された20代前半の容疑者はこの施設の元入所者で、「施設に恨みがあった。殺すつもりで刺した。施設関係者なら誰でもよかった」と供述したことが報じられました。

この施設長はたいへん評判のいい人だったそうです。刺される理由など、何もありませんでした。

この「誰でもよかった」という言葉は、１９９９年以降に立て続けに起こった無差別殺人事件の犯人が共通して口にしたことで、クローズアップされることになりました。

1999年9月、池袋の繁華街で右手に包丁、左手にハンマーを持った事件当時23歳の男が、通行人を襲って2人を殺害し、6人に重軽傷を負わせるという事件が起きました。犯人は逮捕後「相手は誰でもよかった」「むしゃくしゃしていた」と供述しました。

そのわずか3週間後に下関で起こった通り魔事件（5人死亡、10人重軽傷）の犯人は、「何をやってもうまくいかない。社会に不満があった。誰でもいいから殺してやろうと思った」と供述したそうです。

そして、2008年6月、秋葉原の日曜日の歩行者天国に猛スピードのトラックで突っ込み、ナイフで通行人を次々に刺して7人を死亡させた通り魔犯（事件当時25歳）は、逮捕後の取り調べで「誰でもよかった」「世の中が嫌になった。生活に疲れた」と供述しています。

精神科医の片田珠美さんは、『無差別殺人の精神分析』（2009年、新潮選書）の中で、こうした犯行のことを「赤の他人を道連れにした『拡大自殺』にほかならない」と指摘しています。

ここで例として挙げた無差別殺人事件の犯人は、いずれも20代です。だからといって、

55歳の方に無縁とは言い切れません。真面目に働いていたのにリストラに遭うなどして、経済的にも精神的にも追い詰められた50代の方は、悲しいことに多くいらっしゃいます。

誰かから酷い目に遭ったり、会社から理不尽な扱いをされたりして、不満や恨みを抱いた経験は誰にでもあるでしょう。でも、55歳にもなったのだから、こうした恨みや不満を抱くことを止めてみる。

55歳まで生きてきた。まあまあの人生ではあった。まあまあ生きてくることができてよかったと思うことが大事です。

55歳になった時に、社会に対するネガティブな感情を一回整理してみることを勧めます。

日本で暮らしていることの幸運

55歳を過ぎて愚痴ばかり言っている人に、私は近付きたくありません。この社会で何とか生きていられることに感謝する気持ちが大事です。

私は中国人の知人が何人もいますが、彼らは一様に、「日本人は、日本で暮らせることがどれだけ素晴らしいことなのか分かっていない」と言います。

いま中国は、未曾有の経済発展に湧いています。勢いという面では日本をはるかに上回るのに「なぜ？」とも思いますが、彼らに言わせると、日本は清潔で安全で、安心して暮らせるというのです。口に出すことはありませんが、なかなか自由とも言い切れない自国の社会の体制にも、思うところがあるのかもしれません。

私たちも、外国に行ってみると、日本で暮らすことで、どれだけ高い水準の生活が享受できているかということに気づくでしょう。

たとえばアメリカでは、病気になれば高額の医療費がかかります。以前テレビで、盲腸で医者にかかる際の金額を比較していましたが、目の玉が飛び出るほどの高額でした。自分で医療保険に加入していなければ、とうてい支払うことはできません。

日本で盲腸になったとしたら、何の心配もなく救急車を呼んで病院へ行くでしょう。国民皆保険制度の日本では、貧乏だからと言って治療を拒否されることはありません。これがどれだけありがたいことか、実感できている人がどれだけいるのでしょうか。

世界一の先進国であるアメリカでさえこういう問題があるのだから、まして発展途上国へ行ったらどうでしょう。日本が少なくともよい国であることが実感できるはずです。

日本の社会に対して文句ばかり言う人は、世界のことを知らない人だ――そう言っていいと思います。

堺屋太一さんが遺したメッセージ

通産省出身の作家・経済評論家で、経済企画庁長官も務めた堺屋太一さんが２０１９年2月に83歳で亡くなりました。

堺屋さんは生前、『データでみる「安全な国 日本」』という手帳サイズの冊子を自ら編集し、自身が会長を務める国連ＮＧＯ・公益財団法人「アジア刑政財団」から刊行していました。

私もいただいたことがあるのですが、これは日本が世界でどれだけ安全な社会かということをＰＲするために、殺人や交通事故の発生件数、あるいは東海道新幹線の奇跡的な定時運行ぶりなどを、政府刊行物などから数字を集めて掲載したものでした。

数字というのはリアルなもの。これを見ると、日本は平和で安全な国であることが分かります。

「団塊の世代」の名付け親でも知られる堺屋さんは、〝統計の虫〟の異名を取るほど数字が好きな方でした。官僚時代は暇さえあれば数字を眺めていたといいます。

堺屋さんがこの冊子の作成を通じて訴えたかったのは、客観的に事実を見るということです。

多くの人は、何となくイメージで、日本のことを「いい国だ」「悪い国だ」と言っています。そうではなく、統計的事実を知って、日本の良さを知って欲しいということが、堺屋さんのメッセージです。

ある外国人留学生で、日本に留学した理由として「日本語を読めるようになれば、世界の名著を読むことができるから」と答えた人がいました。

読書人口の減少は、私もたいへん憂慮するところですが、それでもまだ、日本では有益な本がたくさん出続けています。外国で話題になった本も、すぐに日本語版が出版されます。

諸外国と比較してみて、これがどれほど素晴らしいことか。それが分かれば、読書するモチベーションが上がります。

仕事ができるだけでありがたい

社会に出てから順風満帆にやってこられた人は、そうではないかもしれませんが、私は大学院を出た後の〝あの10年間〟があるため、仕事のオファーはあるだけでありがたいと思っています。決して嘘ではなく、何件か依頼が入れば「ああ、今年も何とか食べていけるな」と安堵するのです。

「Hunger is the best sauce」（空腹は最上のソースである＝空腹にまずいものなし）とはまさにそうで、仕事がない時の依頼ほどありがたいものはありません。

芸能人の方で、一時は地上波のバラエティ番組に引っ張りだこだったのに、いまは出演のオファーが減ってしまったという人がいるとします。そういう時は、地上波に比べて視聴者数もギャラもあまり期待できないとしても、ＢＳやＣＳ番組からのオファーを、ありがたく引き受けるでしょう。

これは、初心にかえるということでもあります。過去を振り返る時、調子が良かった時より不遇だった時と比べるほうがいいのです。仕事ができるだけでありがたいと思えれば、その中身にはあまりこだわりがなくなるはずでしょう。

ラッセルは「どんなに退屈な仕事でさえ、たいていの人々にとっては、無為ほどには苦痛ではない」と言っています。人間にとって、無為は最大の苦痛です。

それよりは、どんなものでも仕事をしているほうが良いに決まっています。

どんな仕事も「上機嫌」でこなす

本当に好きなものを仕事にすることが難しいのは、誰でも分かっています。

ラッセルは「自分の仕事を恥じているような人間は、自尊心を持つことは到底できない」と言っています。しかし、たとえ好きなことでなくても、仕事は仕事としてやりがいを持って続けている人は大勢います。そういう人なら、転職したりしてどんな仕事に就いても、やりがいを持ち続けることができるでしょう。

仕事を楽しんでいる空気を作れる人は、周りから好かれます。

私は「上機嫌Tシャツ」を作ったことがあります。何かと思われるかもしれませんが、単純に、白いTシャツに「上機嫌」と入れただけのものです。誰でもアイロンプリントで簡単に作れます。ワイシャツの下にそれを身に着けて仕事をするのはどうでしょうか。

残念ながら、55歳となると普通にしているだけではなかなか人に好かれません。とくに男性の場合、普通にしているだけでその場を重くしてしまう存在で、できればいなくなってほしいと思われてしまいます。

普通の55歳の男性を好きな人なんて1人もいないと自覚したほうが間違いありません。

でも、上機嫌な55歳なら好かれます。

第5章で触れますが、上機嫌で雑談できるという環境を自分で作れれば最高でしょう。

納税こそ第一の社会貢献

社会貢献を考えながら働くという意味で、私は納税という行為をもっと評価すべきだと思っています。

税金を支払うということに対して、ネガティブに考える人もいますが、どのように考えても結局は納めなければならないものです。だったら、ポジティブに考えたほうがいいでしょう。

私たちは、働くということと税金を納めるということを、別のものとして考えがちです。しかし、働いて給料をもらう中で税金を納めていくのですから、この二つは決して別のものではありません。

もっと言えば、社会貢献の最大のものが納税であるという考え方もできます。

待機児童をゼロにすることや幼児教育・保育を無償化することは、税金を投じて初めて実現できることです。私たちが次世代のためにできることは多くありますが、私たちの納めた税金で次世代のために何かできるなら、これほど直接的な社会的貢献はないでしょう。

NPOを立ち上げたりボランティア活動をしたりすることは、もちろん社会貢献になりますが、まずは真面目に働いて納税することが第一の社会貢献であることを知るといいでしょう。

日本国憲法に定められた国民の三大義務とは、「教育の義務」（26条2項）、「勤労の義務」（27条1項）、「納税の義務」（30条）です。

私たちは、働いて税金を納めるという義務を果たしてこそ、社会に対して一定の発言権を持てることを改めて考えるべきでしょう。

福沢諭吉の『学問のすゝめ』の中にも、「思案にも及ばず快く運上を払うべきなり（税金はあれこれ考えずに気持ちよく払うべし）」とあります。

あなたがきちんと税金を納めているのなら、それだけで世の中を支え、立派な生き方をしていると誇りを持ってください。社会人の方々は、仕事や人生のことでいろいろ悩みが多いでしょう。でも、そんなにネガティブに考える必要はありません。税金を納めているだけで、誰にも恥じることのない生き方をしているのですから。

税金は「取られるもの」と思ってしまうと、どうしても不満が出てきてしまいます。逆に積極的に、税金＝社会貢献ととらえるほうが、幸せに生きられます。

平等のために税金を使ってもらう

私はおかげさまで相応の額を納税することができています。納税するために働いて、社会を良くするために納めるという気持ちでいます。

所得に応じて増えていく所得税の最高税率は、日本では1974年までは75％（住民税と合わせると93％）とされていました。現在は45％ですが、毎年納税を続けた上で、最後は相続税もかかるわけですから、決して低い金額ではありません。

しかし、税金は社会を形成していくための根幹です。

国は税金を集め、私たちが暮らしやすい社会を作るために社会保障や公共事業に使っています。これは、社会が平等になるための富の再分配であるとも言えます。これが本来の税の制度です。

税が、特定の会社や団体に流れ込んでいないか、有効に使われているかの監視・チェックは、当然大切です。

フランスの経済学者、トマ・ピケティは著書『21世紀の資本』で、富裕層に対する課税を緩めた結果、社会の格差が広がってしまったことを歴史的に実証しました。

資本主義をそのまま放置すれば、富は一部の人間に集中することが避けられません。現在で言えば、「GAFA」に象徴されるグローバル巨大企業が独占することになります。これは、是正しなければならないことです。

努力が報われる「実力社会」と言いますが、近年はその前提であるべきスタートラインの平等が保障されなくなっているのです。

東大生の親の62・7%が年収950万円以上だというデータを見せられてしまうと（東京大学『学生生活実態調査』2016年）、「実力社会」という言葉に疑問を差し挟まざるを得ません。

大学入試に合格するのはもちろん本人の実力ですが、本人の育つ環境によって、実力があってもそれを発揮する機会を得られない人が増えているとしたら問題です。

環境の問題と言えば、社会はシングルマザーに対して、「自分勝手に離婚した」と厳しい視線を送りがちです。

しかし調査によると、女性の側からの離婚理由として「夫の借金」「夫のDV、暴力」など、女性の側に責任がないケースも多いのです（「離婚に関する調査2016」リクルートブライダル総研調べ）。ところが社会はそうした現実よりもイメージで判断してしまいます。

両親がいて1000万円を超える所得がある家庭と、シングルマザーの年収300万円の家庭を並べて、たとえば子供が東大を目指す際に平等だと言えるでしょうか。

やはり、ひとり親家庭に対して塾や家庭教師の費用を援助するなどの社会的な優しさは、必要でしょう。

その際に使われるのが税金なのです。

よく、スポーツ選手や芸能人、企業経営者などが、慈善団体に多額の寄付をしたとして賞賛されることがあります。しかし私たちも、毎年きちんと納税することで、充分社会に貢献できているのです。

シャドウ・ワークも社会貢献

納税こそ社会貢献の最たるものだと述べてきました。ここで別の論点として出てくるのが、所得税を納めていない専業主婦の方などは、社会に貢献できていないのか、という問題です。

オーストリア出身の哲学者、イヴァン・イリイチは「シャドウ・ワーク」という概念を提唱しています。

これは文字通り「影の労働」のことで、労働しているにも関わらず労働として評価されず、報酬が発生していないものを言います。専業主婦の家事はその代表でしょう。

たとえば家族のために料理を作ったり、家の中を掃除したり、そして幼い子供の面倒を見たりすることは、一見社会的労働に見えず、対価が支払われることもありません。

しかし考えてみれば、家政婦さんを雇って調理と掃除をお願いすれば、1カ月でかなりの費用がかかります。

祖父母は、子供を預けて面倒を見てもらうには最高の、しかも無料の保育機関です。しかしベビーシッターを頼めば、1時間ごとに料金が発生します。

あるいは、日々の洗濯物をすべてクリーニング店に出したりすれば、かなりの金額になるでしょう。

主婦は、こうしたことをすべて毎日行っています。それらはきちんと労働として評価するべきです。金額に換算すれば、若い会社員の月給よりも多くなるかもしれません。

そして、このシャドウ・ワーク部分がきちんと社会貢献になっていることは言うまでもありません。

親の介護をどう考えるか

55歳になれば、両親が健在だとするとたいてい80歳を過ぎています。そこで出てくるのが、介護という問題です。読者の方の中でも、実際に親の介護をされているという方は少なくないでしょう。

介護を専門事業者任せにせず家族で担うとすれば、それもシャドウ・ワークとなります。昔からよくあるのが、家を相続するために同居している長男の妻が、介護を引き受けるパターンです。あるいは、家を出て働いている男兄弟の代わりに、実家の近所に住む姉妹が受け持つというパターンも多いでしょう。いずれにしても、きょうだいのなかで介護に関わる人と関わらない人が出てきます。

この不平等感からトラブルが発生する例も多いのですが、それを防ぐためには、たとえ家族間でも対価を支払うのがいいと思います。

ねぎらいの言葉をかけたりして気持ちを示すだけではなく、明確にお金を支払うのです。私はそのほうが健全だと思います。

今、兄弟姉妹は平等です。遺産相続においても、民法では男女・長幼に優劣なく、平等の相続が定められています。平等であるからこそ、誰かが介護という「労働」を引き受けているなら、他の兄弟姉妹がお金を払うのは当然でしょう。

いつまで働くかは自分で決める

私が勤めている明治大学の教員の定年は70歳です。

普通の会社の60歳定年に比べて、大学というのはずいぶん特殊な社会だと思っていたものです。しかし今は企業の定年延長が進み、大学が特殊ではなくなりつつあります。

高度成長期から1980年代にかけて、日本の企業における定年年齢は55歳でした。それが1985年に60歳定年が努力義務化され、現在は本人が希望すれば65歳まで働くことができるようになりました。

しかもそれで終わらず、現在は定年を70歳まで引き上げるという声が大きくなっています。政府内では、定年そのものを廃止することも検討されています。

55歳の立場からは、これをどう考えればよいでしょうか。

定年後はゆっくり過ごしたいと考えている人は、死ぬまで働かされるのかと反発するでしょう。一方で、一生働けるのはいいことだと歓迎する人だっているかもしれません。

とくに欧米に「アーリー・リタイア」という考え方があります。

起業などして馬車馬のように働き、30代、40代までに財産を築けたなら、そこでもう引退して、その後は何もせずに過ごすというものです。暖かい南の島には、そうした人たちが、多く移住していると聞きます。

先日、世界各地の高級リゾートを紹介する「7つの海を楽しもう！世界さまぁ～リゾート」（TBS系）という番組を見ていたら、とある南の島でリゾート地の世話をしている方が、「この島はアミューズメントが充実しているので、日本人に向いています」と強調していました。

私は、日本人のことをよく知っている発言だなと思いました。

欧米人は、長い休暇でリゾート地を訪れたら、平気で2、3週間は何もせずにのんびり過ごせるそうです。実際、テレビなどで海外のビーチ・リゾートの風景を見ると、彼らは本当にゆったりと過ごしています。

日本人は、彼らのように何もしないことが苦手です。せっかくの休暇でリゾート地に来ているのに、何もしないでいるのはもったいないとばかり、海岸でただ寝そべっているよりアクティビティにいそしんでしまう人は多いのではないでしょうか。

シュノーケリングをしたり、パラセイリングをしたり、ジェットスキーに乗ったりと。

先の方の発言は、そうした日本人の行動ぶりを、実際にたくさん見て来たために出てきたのでしょう。

仕事でも同じです。

「アーリー・リタイア」という言葉にぴったりの日本語はありません。それは一般的な日本人が、いくら一生遊べるだけのお金を稼いだからといって、40代で引退して何もしないことは想像できないからなのです。

定年延長は、破綻の危機に瀕した社会保障制度の維持を念頭に置いたものです。年金の原資を負担する現役世代が少なくなり、このままでは年金財政は持ちこたえられません。現役世代をできるだけ増やすことは、財政負担軽減に直接の効果があります。

しかし、メリットはそればかりではありません。

私の知人の中に、定年後の暮らしを「毎日が夏休みで本当に楽しい」「勤めていた頃よりもずっといい」と満喫している人がいるのは事実です。経済的余裕があれば、働かないという選択もあるでしょう。

しかし、70歳の男性が1日中家の中でゴロゴロしているというのは、他の同居人にとっては迷惑この上ないという場合もあります。

それに働いたほうが、1日のリズムができやすいはずです。ゆっくりするのが我慢できないという人はなおさら、短時間でも働きに出たほうがいいと思います。

いまは若々しさをどんどん保てるようになっています。

昔の60歳は、少なくとも今の70歳くらいに当たるだろうし、今後はそれが80歳になる可能性も高いでしょう。つまり老人になる年齢が遅くなるということです。

みなさんが「老人」という言葉を聞いて、イメージするのは何歳くらいでしょうか？

私はそう聞かれたら「85歳」と答えます。

一つ言えることは、今後は、何歳まで働くかは自分自身で決めるようになるだろう、ということです。

第4章

好きなだけ趣味と教養に没頭する

55歳からの時間管理術②

見るべきものはすべて見る

平清盛の四男である平知盛は、壇ノ浦の戦いに敗れ，安徳天皇をはじめとする一門の女性たちとともに入水します。知盛はその悲劇的な死によって、のちに謡曲や浄瑠璃の主人公として描かれることになるのですが、『平家物語』が記すところによれば、彼は最後に次のように言い放ちます。

見るべきほどのことは見つ。いまは自害せん

「この世で見るべきものがあるとするならば、それはすべて見た。だから、死というものは怖くない」という意味になるでしょう。

これはなかなかの名言です。55歳からの人生の標語にしてもいいのではないでしょうか。たとえばこれが30歳だったら、「この世で見るべきものは、すべて見た」とまで言い切ることはかなり難しいでしょう。

私自身、30歳で命が終わっていたとしたら、見るべきものは全然見ていないし、やるべきこともまるでやっていない、と悔いだらけだったと思うのです。

もちろん30代でそこまでの達観の境地に至れる人もいるでしょう。

吉田松陰は安政の大獄に連座し、数えで30歳の時に断首刑に処せられます。「身はたとひ 武蔵の野辺に朽ちぬとも 留《とど》め置かまし大和魂」という松陰が残した辞世の歌は有名ですが、その他に彼は、弟子たちに向けて次のようなメッセージを贈っています。

自分は30歳で死ぬ。しかし春夏秋冬という四時《しじ》は過ごしたから、別に悔いはない——。

松陰は20代のほとんどを囚われの身として過ごしてきました。だからこそ、そこまで達観できたのかもしれません。

しかし普通の30歳では、「見るべきほどのものは見つ」という心境にはとうてい至れないでしょう。それは40歳でも、もちろん55歳でもまだ足りないと思います。

私の提案は55歳のいま、将来「見るべきほどのものは見つ」と言い切ることを目指して、いろいろな経験を積もうと決意することです。

55歳からの目標は「真善美」

では「見るべきほどのもの」とは何でしょうか。

一言でいってしまえば、この世の中で価値のあるものです。今まで見たこともないけれど、知ってみたら最高に面白いというものが、まだまだ世界にはいっぱいあります。

それは「真善美」という言い方もできると思います。

「真」とは、学問が追求してきた価値。

「善」とは、宗教が目指すような道徳や倫理。

「美」とは、美術や音楽が追究している芸術上の目標。

これらに触れることを、55歳からの目標にするのはどうでしょうか。

55歳を過ぎても、お金を稼いで生活していかなければならないのはもちろんです。でもそのような「経済生活」と並行し、もう一つの「精神生活」を充実させていくという考えです。

この精神生活の充実を、55歳世代のとくに男性の方は、どれだけ実践できているでしょうか。

美輪明宏さんと対談させていただいた時に、日本人の男性は文化度が低いという話になりました。

私は「文化といえば、いま男性と女性の文化度にすごく差が出てしまっていますね」と問いかけました。すると美輪さんは、次のようにおっしゃいました。

ヨーロッパでコンサートや美術館など文化的な場所に行くと、どこでも男女半々です。ヨーロッパだけではなく、日本以外では世界中がそうです。

日本では、音楽会、美術館、いろいろな文化施設へ行っても、八〇%から九〇%が女性です。いかにそういう文化施設に日本の男性が足を運ばないか。その点で、日本の男性は世界でも希有な存在なんです。

（美輪明宏、齋藤孝『人生讃歌——愉しく自由に美しく、又のびやかに』
2004年、大和書房）

美輪さんは、「（日本の男は）文化がまったくないところで生きているんです」と辛辣でした。

ただ最近では、文化的な場にも高齢の男性の姿が増えてきたように思えます。

2018年の秋から東京で開かれたフェルメール展は、〝日本美術展史上、最大の「フェルメール展」〟というの触れ込みのとおり、現存作35点のうち、日本初公開の3点を含む9点が欧米の主要美術館から特別に貸し出された素晴らしいものでした。

連日大盛況で、121日間の会期中で、総来場者数は68万を超えたと報じられています。この会場では、作品の一つひとつを立ち止まってじっくり見ている高齢の男性が、たくさん見られました。ますます日本でも、美術展や音楽会に行く男性が増えていくかもしれません。

美に触れるには「予習」と「復習」が大事

ところで私は美術展に行ったりすると、見終わった時はだいたい興奮していて、ショップで記念グッズを買うことが多いのです。なかでもよく求めるのがクリアファイルで、今回のフェルメール展でも当然のように手に入れました。

クリアファイルは普段の仕事で欠かさず使用しているので、仕事中にもふと目に入ります。そうすると、展覧会で見た作品を思い出して、またフェルメールの本を取り出して読んでみようという気になります。

美術展は、予習・本番・復習をセットにして考えると、さらに楽しめます。

まず、自分の予定を確認して、フェルメール展に行く日を決めます。そのとき「明日すぐに」というのではなく、数日後から1週間後ぐらいのほうを設定するのがお勧めです。

55歳になれば、その程度の時間の融通は利かせられるはずです。

なぜそうするかといえば、「予習」するためです。フェルメールがどういう画家なのか。どういう作風でどんな作品を描いているのか。美術史上のどの系譜に位置づけられるのか。そういったことを、いろいろ調べておきます。

そうしておけば、「本番」の当日、絵がいっそう面白く見えてきます。有名な「牛乳を注ぐ女」も、とりたてて劇的な瞬間を描いた絵ではありませんが、一筋の牛乳が垂れている白い線、光線の具合、パンの質感といった細部にぐーっと引き込まれていきます。

見終わったら、家に帰ってきて「復習」です。分からなかったことなどを、記念に買ってきた図録などで調べるようにするのです。

このサイクルを決めておけば、その間の1~2週間は〝フェルメール週間〟として充実していくのです。

美術展という具体的な目標を設定すれば、単に頭で勉強するよりもずっと教養を磨くことになるでしょう。

ライブを楽しむにも「予習力」

10年ほど前、知人に誘われ、浜崎あゆみさんのライブに行ったことがあります。

そのライブは、ちょうど直前に発売されたアルバムから歌う曲が選ばれていて、私は多くの曲を知りませんでした。浜崎さんはヒットシングルの多い歌手ですが、当然シングル曲ばかり歌うわけではありません。

私は、何となく付いていっただけで、不覚にもその新しいＣＤを聞いていなかったのです。

ところが知人のほうは、このＣＤを事前に徹底的に聞き込んでいて、「すべてノリノリで聴けた」と言うのです。

ライブで聴くのであれば、知っている歌のほうがうれしいものです。初めてでも「いいな！」と思える曲は間違いなくあるのですが、それよりも、よく知っている曲を歌ってくれた時のほうが楽しめるのです。

つまりこの時は、私と知人は「予習力」で差がついてしまったということです。

一緒に行った知人は弁護士で、「プリペアー。プリペアー。プリペアー」が口癖。すべては準備で決まるということをモットーにしている方です。

このライブでも、予習力が大事だということを、改めて教えてくれたことになります。第1章でもライブの効用については触れましたが、いまライブの人気がますます高まっているそうです。

なかでも人気なのが、嵐です。嵐のライブは、ファンにとって最高の空間。出ているテレビは欠かさずにチェックし、当然CDは全部持っているようなファンでも、ライブで見る嵐は全然違うそうです。

嵐は年間50本ものライブをこなしていますが、そのお客さんは、50代のお母さんと20代の娘さんという組合せが多いと聞きます。

チケットは、ともにファンクラブに入っている母娘がそれぞれ申し込んで、ようやくどちらかが第4希望の札幌ドーム会場に当たる……といった狭き門だそうです。

どちらか1人しか当たらなくても、札幌に行くのは母娘一緒。航空券や宿泊費で、1回10万円は超えるでしょう。そのお金をかけた以上の幸せを、ライブは与えてくれるのです。

ちなみにライブ当日、札幌市内のホテルはすべて満室になるのだとか。

水木しげるさんの幸せになるための知恵

55歳からは、生きている意味を実感することがテーマになります。この世に生きてきて良かったと思える瞬間を増やしていくことが大事です。

そのためには、できるだけ〝力のあるもの〟に出会うこと。いま述べたライブは、その一つと言えるでしょう。

水木しげるさんは、「何十年にもわたって世界中の幸福な人、不幸な人を観察してきた体験から見つけ出した、幸せになるための知恵」として、「幸福の七カ条」をまとめています。

第一条　成功や栄誉や勝ち負けを目的に、ことを行ってはいけない。
第二条　しないではいられないことをし続けなさい。
第三条　他人との比較ではない、あくまで自分の楽しさを追求すべし。
第四条　好きの力を信じる。
第五条　才能と収入は別、努力は人を裏切ると心得よ。
第六条　なまけ者になりなさい。

第七条　目に見えない世界を信じる。

（『水木サンの幸福論』２００７年、角川文庫）

これらはすべて「好奇心を持ちなさい」ということだと思います。

水木さんにとって、その好奇心の対象の最たるものが妖怪だったのです。

「ワールド」に沈潜する

好奇心を向ける先として、私は好きな1曲を、とことん聞くということをよくやります。1曲を1回だけ聴くのと５００回聴くのとでは、まったく違います。聞けば聞くほど、人生を濃くしてくれると思えるのです。

私は音楽に限らず、読書でも映画でも、あるいはスポーツ観戦でも没頭することが好きなのですが、それは同じく「人生を濃くしてくれる」ためでしょう。

友人の医師で『なぜ、「これ」は健康にいいのか？』などの著書でも知られる小林弘幸先生が「1日1時間、ジムでバイクを漕ぐようにしている」と話しているのを聞き、私も試しにやってみることにしました。

「走るより膝に負担がかからない」のだそうで、私はいまでも続けている1日100回のスクワットに加え、バイクもやってみることにしたのです。

ジムで見てみると、普通の前傾姿勢でまたがるバイクのほかに、身体を後ろに傾けて漕ぐタイプのものもありました。これなら漕いでいる最中に本も読みやすいなと思い、私は後者のタイプでやってみることにしたのです。

下半身を鍛えながら、本を読み、ウォークマンで音楽を聴くこともできる。やってみると楽しくて、1日目が20分だったのが、2日目には30分、3日目には1時間と伸びました。そしてなんと4日目には、マラソンと同じ42・195キロを漕ぐことができたのです。一昔前のマラソン選手なら標準的な記録の2時間20分で漕ぎ終えた時には、本を1冊読み終えていました。

私は一時期、ビートたけしさんとジムで一緒になることがよくありました。2人並んでウォーキングマシーンを歩いていた時のこと、たけしさんが「この時間は本当に無駄だなあ」と漏らしたので、私もうなずきました。

バイクで本を読みながらトレーニングできるとしたら、これは効率的です。

こういった時、私は同じ曲を繰り返し聴くようにしています。同じ運動と同じ曲の繰り返しというリズムの中で本を読むと、いつしか本のワールドに没入する感覚が生まれてきます。

これは「ネットサーフィン」とは対照的な感覚です。文字通り波の上を滑っていく感じなのに対し、深く沈み潜っていく感じでしょうか。

この沈潜感覚は非常に大事だと思います。

一流のものは自分にスイッチを入れてくれる

「真善美」を体現したような一流のものに出会うと興奮します。

遺伝子工学の権威である村上和雄さんは、『スイッチ・オンの生き方』という著書のなかで、感動すると良い遺伝子のスイッチがオンになると述べています。村上さんは私との対談でも、一流の人やものに出会ったときには、わぁっと心が華やいで、眠っていた良い遺伝子が活性化されるという話をされていました。

スイッチを入れてくれると言えば、私はこの人が歌っているだけでいいという感情を抱くことがあります。

たとえば藤圭子さんが歌っているならどんな曲でもいいのです。山口百恵さんの曲であればなんでも聴きたいし、中森明菜さんのCDなら何でも買います。曲の出来不出来はあまり関係がありません。その人ができるだけ長く歌い続け、1曲でも多く歌って欲しいと思うのです。

また、自分にスイッチを入れてくれる「人物」もいます。ちょっとしたプレッシャーを与えてくれる存在も大切です。

孔子と弟子たちがそういう関係でした。孔子は弟子たちには厳しいことを言います。弟子にとってはそれでも会って道を示してもらいたくなる。

あるいは親鸞にとって、師匠の法然もそういう存在だったようです。

そういうスイッチを入れてくれる存在をもって生活することは重要です。

ふだん接することはなくても、3年に1度くらい会って、一言もらうだけでいいかもしれません。あるいは「私淑」といって、実際に関わらなくても遠くから自分が一方的に師と仰ぐだけでもいいでしょう。

「私淑」は時空を超えて、書物を通して教えを仰ぐことができます。

私にとって、ゲーテやニーチェがそれに当たる存在です。

読んでから観るか、観てから読むか

作品の深いワールドに入りたいなら、お勧めは映画化された本を選んで、読書と映画鑑賞を組み合わせることです。名作と言われる小説の多くは映画化されています。

この場合、映画を観た後で原作小説を読む方が多いかもしれません。原作を読めば映画の筋が分かってしまいますから、それが嫌な人はそうしていると思います。

私は先に原作を読んでから、映画を観ることもあります。

読書と映画鑑賞を組み合わせる楽しみは、どちらを先にするにせよ、この映画はどこまで原作に忠実に作られているのか？ この映画には原作よりもいいところがあるのか？——といった点に頭をめぐらせることです。あるいは監督が主役にこの俳優を選んだ理由も想像できるかもしれません。

単純に比べてしまったら、私は多くの場合、原作のほうが優れていると考えています。細かな心理描写は文章のほうが勝ります。またどうしても映画には2時間前後という限りがあるので、長編の物語ほど、原作から省略する箇所が出てきてしまいます。

しかし55歳になれば、大切なのは寛容であることです。あら探しをしないことが肝心です。

それに映画には映画の良さもあります。

「このキャスティングには妙味があったな」とか「よくこのシーンを実写化できたな」といったことです。

文章を読んで、そのシーンを想像するのにお金はかかりません。

それに対し、たとえば「その時、群衆が彼を取り巻いた」という何気ない一文でも、映像で描写する時には、群衆のエキストラを集める必要があります。それが歴史物であったりしたら、壮麗なセットを組むことが必要ですから、莫大な費用がかかります。

1920年代を舞台にした映画を作る時は、1920年代の街の風景を作らなければならないのです。その大変さを想像して画面を見れば、感動もひとしおでしょう。

私は、ストーリーの面白さ以上に、その世界を作ってくれたことに感謝する場合がよくあります。

フランスのモノクロ映画のDVDをよく買うのですが、それは、何よりも雰囲気に惹かれているのです。

たとえばジャン・ギャバン主演の『ヘッドライト』などは、あの1950年代の世界に入り込めるだけで、ストーリーの辻褄が合わない部分だとか、感情表現としておかしいのではないかといった些末なことは気になりません。

このような寛容さを持つことが、55歳以降は大事になってきます。

ザ・ピーナッツに涙する

私の大好きな昭和の双子姉妹デュオ、ザ・ピーナッツも、私にスイッチを入れてくれる存在です。残念なことに2人ともすでに亡くなりましたが、私は今でも折りに触れて、繰り返し聴いています。

ザ・ピーナッツに「エピタフ」という曲があります。

これは、イギリスのロックバンドであるキング・クリムゾンの初期の代表曲の同名カバー曲で、〝墓碑銘〟という意味です。

キング・クリムゾンの曲をこう歌ったのかという感動があり、ザ・ピーナッツのすごさが分かる1曲です。

この曲が収録されたライブアルバムでは、岸部シローさんが司会をしているのですが、ホンワカした昭和の時代を感じさせて、それがまたいいのです。いまとは録音状態も違いますが、不滅の輝きがあります。

ザ・ピーナッツの代名詞とも呼べる「恋のフーガ」は、多くのヒット曲を生み出したなかにし礼さんの作詞です。大作詞家であるなかにしさんが、引退する彼女たちへのはなむけに詞を書いたのが、「帰り来ぬ青春」です。

この曲は、2018年秋に亡くなったフランスの名シャンソン歌手であるシャルル・アズナヴールの名曲のカバーです。このメロディーに乗せて、なかにしさんは、二人のデビューからの物語をつづっていくのです。

初めて日劇の舞台を踏んだとき、互いのドレスを互いに握り合って、ドレスを手垢で汚してしまったこと。月日がめぐる中で、愛する人に出会ったこと。

いまでも引退コンサートの録画を見るのですが、曲の終盤の「さよなら姉さん　さよなら妹」にさしかかると、私はいつも涙をこらえられません。

ザ・ピーナッツは、一時的な流行ではなく、時を超えて100年でも1000年でも残っていくと思います。

それは、松尾芭蕉のいう「不易」にあたります。

江戸時代、俳句の持つ芸術的価値を格段に高めた芭蕉が残した言葉の一つに「不易流行」があります。「不易」は変わらないということで、「流行」とは変わるもの。新しい味わいを求め、取り入れていく流行性こそが、不易の本質だという考えです。
芭蕉はこれを最後まで追求したのでした。

ワールドの作者に感謝する

私が子供の頃は、テレビで毎日のように時代劇を放送していました。父親がとくに好きだったので、我が家では、よくテレビで時代劇が流されていました。おかげで私も、毎日1時間はテレビで時代劇を見るという習慣ができたほどです。

その頃の時代劇は、テレビといえどもキャスティングがたいへん豪華で、『荒野の素浪人』は映画スターの三船敏郎さんが主演でしたし、萬屋錦之介さんも『子連れ狼』をはじめよく出演していました。

今はCSの「時代劇専門チャンネル」で、あの頃の作品を見ることができます。見返すと、あれだけのものを、よく作ってくれていたなと心から感心します。

父を含め、昭和のお父さんたちは『水戸黄門』や『大岡越前』を観て、時代劇のワールドに没入していたのでしょう。

なにしろ予算がかかることもあって、最近まで時代劇の製作がめっきり減ってしまっていました。しかしＣＳなどでの旧作人気の高まりを契機に、少しずつではあるものの、新作の製作も活発化しているそうです。

時代劇という特別なワールドを作ってくれる人たちに感謝して、そのワールドを楽しみたいと思います。


演劇は、ライブ空間でワールドに誘ってくれます。

日本で1万回公演という空前絶後の記録を達成したミュージカル『キャッツ』は、舞台装置が『キャッツ』のワールドを作ることに一役買っています。

劇場に入ってみると、物語が進む都会のゴミ捨て場を模して、舞台はもちろん客席に至るまで、猫の視線に合わせた巨大なゴミの数々が設置されていることに気付きます。ジャンボサイズの空き缶をはじめ、ゴミのオブジェの数は数千個に及んでいるそうです。観客は、劇場に入ったその瞬間から、ワールドに浸ることができるでしょう。

テーマパークもそうです。ディズニーランドは、完全なるワールドです。そのワールドに浸ることを楽しみに、リピーターが集まるのです。

習いごとは、恥じらい禁止

ここまで、どちらかと言えば文化や芸術を受け身で楽しむ方法をお話ししてきました。生きている実感を摑むためには、芸道やスポーツといった、自分で行動するという方向もあります。

そこで障害となるのが、55歳にもなって新しいことに挑戦することへの恥じらいです。このことについて兼好は『徒然草』の中で、「とにかく恥ずかしがらずにやってみるのがいい」と諭します。

能をつかんとする人「よくせざらんほどは、なまじひに人に知られじ。うちくよく習ひ得て、さし出でたらんこそ、いと心にくからめ」と常に言ふめれど、かく言ふ人、一芸も習ひ得ることなし。

（第150段）

（芸能を身に付けようとする人は、「上手にできるようになるまでは、人に知られないようにこっそりと習って、うまくなってから出ていったら格好いいだろう」といつも言う。しかし、そう

いう人は、一つも芸が身に付かない)

人に見せるのはうまくなってからなどと言っていたら、いつまで経っても絶対に身につかないというわけです。ではどうすればよいか。

「上手の中に交りて、毀《そし》り笑はるゝにも恥ぢず、つれなく過ぎて嗜む」。つまり、芸が未熟なうちに上手い人のなかに入っていって、けなされ嘲笑されても恥ずかしがらずにやりなさいというのです。

そうして熱心に稽古に通い、停滞せずにこつこつと練習して過ごすことで、生まれつきの才能はない人であろうと、才能があっても稽古を怠っている人よりは、最終的には名人の域に達するだろう、と。

つまり、下手の横好きでいいから、発表会でも何でも、まずは出てみればいいのです。

この点で言えば、男性より女性のほうに、より勇気があるようです。

涙のロッカールームはなぜ感動するか

発表会に出るために活動している女性はたくさんいます。

私は、さまざまなダンスの団体が合同で開いた発表会を見に行ったことがあります。それは、特定のダンスの発表会ではなく、フラダンス、ベリーダンス、ジャズダンスといった、あらゆる種類のダンスが披露される発表会でした。

どんな習い事でもそうですが、発表会へ向けた日々の練習は、ものすごく楽しく、同時にものすごく厳しいものです。

発表会の日程が決まれば、楽しさと厳しさが加速していく。やがて発表する曲が決まり、各自の分担が決まるなかで、さらに本気度が増していきます。

映画『チア☆ダン』では、広瀬すずさんと中条あやみさんによるセンターをめぐる競争が描かれていますが、それと同じです。

そしてポジションが決まれば、いよいよ発表へ向けて練習に力が入り、当日の本番を終えると、やり遂げたという燃焼感が得られる。

メンバー同士で一つのことに取り組むという経験は、いつでも私たちに充実感を与えてくれます。そこで同じ感情を分かち合うことで、幸福を感じているのです。

チームで頑張ることの良さが、そこにあります。

私は高校野球の甲子園は、春・夏ともに全試合録画して見ています。どのチームが勝っても負けてもいいのですが、とくに負けたチームの側に感情移入することがよくあります。

高校サッカーも同じです。日本テレビが行っている冬の選手権大会のテレビ中継では、「最後のロッカールーム」というコーナーがあります。試合に負けたチームの試合後のロッカールームにカメラが入るもので、大泣きしている選手たちが映し出されます。とくに、3年生にとっては最後の試合です。

そこに青春を感じ、見ている私もボロ泣きです。

私たちの多くは中学や高校で部活に入り、チームの仲間とともに一つのことに打ち込みます。

学校に行くのは部活のため。青春時代の思い出のほぼすべてが部活。学校の勉強はほとんど忘れてしまい、部活のことだけ覚えている。そんな人も多いでしょう。

55歳から、もう一度「部活という青春」を取り戻してはいかがでしょうか。

人は向上している時に若くいられる

昔取った杵柄《きねづか》でもいいし、何かを新しく始めてみるのでもいいのです。

聞くところでは、高齢になってからダンスを習い始める方が増えているそうです。そのためにダンスサークルに入り、発表会に向けて、みんなで「部活」のノリで盛り上がっているとのことでした。

この時大事なのは、「先生について習う」ということです。

ダンスの中にヒップホップというジャンルがあります。

普通、ヒップホップを好むのは若者で、なかには親の影響か10歳くらいの子供が踊っていることもあります。

そのヒップホップの教室に、時々50代から60代の男性が習いにくることがあるそうです。見ればお世辞にも上手とは言えませんが、ご本人は上機嫌に踊っているのが分かります。

つまり、10代20代の若い男女と、まだ小学生くらいの子供、そして60代の男性が一緒に踊るという空間が出来あがるのです。ダンスでは、とくにさまざまな年代の人が一緒になる面白さがあります。

この場では、60代の男性より10歳の子供のほうが上手です。ということは、60代の男性が10歳の子供に習うことも出てきます。

ここまで極端なことは多くないかもしれませんが、自分よりも年下の先生に何かを習うことは、精神衛生上すごくいいことなのです。

日本はまだまだ長幼の序を重んじる社会です。伝統的な会社では、まだ年功序列が根強く残ります。私たちは、これまでずっと年長者の言うことを聞くように慣らされてきました。

しかし、習い事の世界では違います。先に入門して上達しているほうが、いくら年下でも先生なのです。

私は50歳になってからチェロを習いはじめました。そのときの先生は、20代で自分よりはるかに年下だったのですが、私は全然苦に感じませんでした。その先生は小さい頃からチェロをやっていて音楽大学を卒業していますから、その道では私よりはるかに修業を積んでいるわけです。ですから私は「先生、先生」と慕って、いろいろと教えてもらいました。

人は、何かを学んで向上している時は、若くいられます。とくに自分より年下の先生に習っていると、精神が若返っていくことが実感できます。

先生を持つことは大事です。月謝を払って指導を受けるような関係でなくとも、一緒に活動している中で、上手な人に習うのでもいいのです。

どこにでも先生はいますから、「先生」と呼んで、習ってみましょう。

前章で、55歳には余計なプライドは必要ないと書きましたが、もう年齢のことを気にしていても仕方がありません。

まして、これからの時代はいろいろなことが変わっていくでしょう。

100歳まで学んでも、まだ学び足りない

子育てが終わり、さあ自分のために時間を使えると思ったら、今度は親の介護が必要になり、気づいたらもう60代が迫っていた——。そんな方も多いかもしれません。

親孝行をしてあげられたのだから、と自分を納得させようとしても、「人生の中の大事な時間が失われてしまった」という感情が抑えられない……。

そんな時に、虚脱感に陥ってしまったら不幸が増すばかりです。

ある60代前半の方がそうでした。父親と母親の介護を10年間も続け、気付けば60歳を過ぎていた。もう人生が終わってしまったという思いになったようです。

それがある時、お茶の先生に出会ったことで変わりました。

利休の器を見せてもらって、初めて見る「本物」に感動して以来、さまざまな美や芸術に関心が向くようになった。

その先生のおかげで世界が広がり、自分自身こういう世界を嗜んでいきたいと思ったことで、毎日が一気に充実した。そう言うのです。

先生という存在は大変重要です。

良い先生が一人いれば、そこからどこまでも世界が広がっていきます。

そして「この世界のことは、１００歳まで学んでも、まだ学び足りない」と思えたなら、その人はたとえ55歳でも、60歳、70歳でも、まだまだ自分は若いと思えるでしょう。周りを見れば、80歳でもまだまだ学んでいる先輩がいるのですから。

55歳から、良い先生を得て新しいワールドに入れたら最高です。

運命から世界が広がる

先生に習うといった場合に、実際に師事するのでも、あるいは直接の関係は持たず、著書を読んで私淑してみる方法でもいいのです。

『疲れない体をつくる「和」の身体作法』や『身体感覚で『論語』を読みなおす。』などの著書を持つ安田登さんは、江戸時代前期に成立した下掛宝生《しもがかりほうしょう》流の能楽師です。

安田先生の本を読むと、普段の歩き方や座り方といったものは、すべてが能につながっていることが分かります。

腰痛がある方や膝の痛みに悩まされている方は、安田先生の本を読むと、その身体技法に興味を持つことでしょう。腰痛が、能という文化につながっていく面白さが味わえるはずです。

あるいは一方で、フレデリック・マサイアス・アレクサンダーが創始した「アレクサンダー・テクニーク」や野口晴哉《はるちか》の「野口整体」、野口三千三《みちぞう》の「野口体操」などの身体技法の世界へも興味を広げていくことができます。

病気になった時も同じです。

55歳になれば一つくらいは病気を持っている方も多いと思いますが、そこで自分の身体に起こっていることを調べていけば、食事やマインドフルネスといった、新しいライフスタイルが見えてくるに違いありません。

自分に訪れた運命から、逆に世界を広げていくことができるのです。

第5章

雑談力を磨いて社交を楽しむ

55歳からの時間管理術③

『学問のすゝめ』は「社交のすすめ」

福沢諭吉の『学問のすゝめ』は、非常に面白い本です。冒頭の学問の目的を示した「初編」には、次の一節があります。

「つまり、人は生まれたときには、貴賤や貧富の区別はない。ただ、しっかり学問をして物事をよく知っているものは、社会的地位が高く、豊かな人になり、学ばない人は貧乏で地位の低い人となる、ということだ」（著者による現代語訳／以下、この項同じ）

ここでは、学問をするかしないかで人間の地位は決まると言っているわけですから、これは文字通り「学問のすすめ」です。

ところが後半に進むに従って、人付き合いの話が多くなっていきます。とくに「人望論」と題した最後の第17編は、「交際はどんどん広げよ」とばかり「社交のすすめ」が語られていきます。

「考えてもみよう。偶然に会った人物と生涯の親友になった者がいるではないか。十人に会って偶然ひとりに当たったならば、二十人と会えば偶然ふたりを得るだろう。だから多くの人に出会ったほうがいい」

「人間多しと言っても、鬼でも蛇でもないのだ。わざわざこちらを害しよう、などという悪い奴はいないものだ。恐れたり、遠慮したりすることなく、自分の心をさらけ出して、さくさくとお付き合いしていこうではないか」

さらに福沢は、こうも言うのです。

「人と交際しようと思えば、ただ旧友との付き合いを忘れないだけでなく、さらに新しい友人を求めなくてはならない」

新たに出会って親しくなる人のことを「新友」という言い方もできるでしょう。

私も、「旧友」はもちろん大事ですが、「新友」も大事だと思っています。もう友達は充分多いからこれ以上は必要ない、という方もいらっしゃるでしょうが、それでもやはり、常に「新友」を求めることは必要です。福沢が言うように、多くの人と出会っていれば、そのなかから後半生をともに過ごす「生涯の親友」が得られるかもしれません。

そして『学問のすゝめ』は、次のように結ばれています。

人にして人を毛嫌いすることなかれ。

（人間のくせに、人間を毛嫌いするのはよろしくない。）

この考え方は、実は夏目漱石にもつながります。

漱石は有名な『草枕』の冒頭で、「とかく人の世は住みにくい」と書いたすぐ後で、こう続けるのです。

ただの人が作った人の世が住みにくいからとて、越す国はあるまい。あれば人でなしの国へ行くばかりだ。人でなしの国は人の世よりもなお住みにくかろう。

人ではない国に行けば楽かと言ったら、そこは「人でなしの国」だから、なおさら住みにくいだろうというわけです。

では、福沢の言葉を肝に銘じたうえで、55歳からの社交術を考えていきましょう。

友人は3人いれば寂しくない

先に述べたように福沢は、人との交際においては、旧友との付き合いを忘れないことと、新しい友人を求めることの両方が大切だと説いています。

まずは、旧友との付き合いをどうすればよいか考えていきましょう。

私がお勧めするのは、会いたい頻度によって、友人を3色ボールペンで色分けしてみることです。

私が長年にわたって、情報収集や学習、読書にお勧めしてきた「3色ボールペン」方式は、本を読む時などに、「すごく重要なポイント」に赤、「まあまあ重要なところ」に青、そして「個人的に面白いと思う部分」に緑で線を引くという方法です。

つまり「3種類に分類しながら、大事な部分をピックアップする」方法なのです。これは情報を整理し、かつ理解する上で大きな威力を発揮します。

これを人間関係に応用してみます。

・すごく大事な友達や知人で、週に1回以上頻繁に会いたい人は「赤」。
・なかなか大事で季節ごとに1回は会いたい友人は「青」。
・1年に1回程度会えばそれなりに充実する友人は「緑」。

こうして分けた色ごとに、最低1人の友人（合計して3人の友人）を持てば、孤独感にさいなまれることがなくなります。3人の友人がいると思えば、逆に1人で過ごす時間が長くなっても気にならなくなります。いまは1人だとしても、会える友人がいると思えば安心できるのです。

誘われたら断らない

友人と会う時のルールを決めておくことも重要です。

とくに男性のなかには、自分から誘うのは面倒くさいと思いがちな方もいます。そういう人は、「誘われたら断らない」というルールを自分に課すといいでしょう。

実は私は、自分で飲み会を企画するということが苦手です。その代わりに、誘われたら行こうと心掛けています。

たとえば私は、年に数回ある大学時代の集まりには、どうしても行けない事情があるとき以外は、ほぼ参加しているのです。幹事から連絡がくれば、行きます。

私がパーティーなどに出席していると、居合わせた友人に驚かれることがあります。「あんなに忙しいのに、よく来られたなあ」ということなのだと思います。

そういう友人も、私に負けず劣らず忙しいはずなのに、こうして顔を出しているわけです。出席者の顔を見回して、みんな忙しいはずなのに、よくこんなに集まるなあと思うことがよくあります。「行きたくても行けない」ということは、実はそれほど多くないのでしょう。

「たとえ忙しくても、誘われたら行く」というのは、多くの人に共通したスタンスなのかもしれません。

このスタンスを周囲に理解してもらえれば、友人関係が長続きします。人付き合いに消極的な人でも、関係を維持することができるよい方法です。

「あいつは誘えば来る人間だ」と思われれば、次も声がかかるでしょう。逆に誘いを断ることを繰り返していると、話が来なくなるはずです。

私がやってみた実験によると、2回断るともう次の誘いはありませんでした。ということは、付き合いをやめたければ、2回断ればいいということにもなります。

旧友は楽しいもの

旧友との付き合いについては、『論語』の冒頭にこう書かれています。

子曰《い》わく、

「学びて時に之《こ》れを習《なろ》う。亦《ま》た説《よろこ》ばしからず乎《や》。朋《とも》有り、遠方より来たる。亦た楽しからず乎。人知らずして慍《うら》みず、亦た君子ならず乎」

（学而第一）

（先生がいわれた。

「学び続け、つねに復習する。そうすれば知識が身につき、いつでも活用できる。実にうれしいことではないか。友人が遠くから自分を思い出して訪ねてきてくれる。実に楽しいことではないか。世の中の人が自分のことをわかってくれず評価してくれなくても、怒ったりうらんだりしない。それでこそ君子ではないか」）

「朋」とは、昔、同じ先生に教えを受けていた友人という意味です。この一節は、遠くにいる学友がわざわざ訪ねて来てくれたことを喜び、その友と語れることを嬉しく思うということです。

旧友との交歓という意味で思い出すのが、中国の唐の時代の詩人、于武陵《うぶりょう》が詠んだ「勧酒」という詩です。

勧君金屈巵　（君に勧む　金屈巵《きんくっし》）
満酌不須辞　（満酌　辞するを須《もち》いず）
花発多風雨　（花発《ひら》けば　風雨多し）
人生足別離　（人生　別離足る）

別れが迫った友人とお酒を飲みながら、今の時を惜しむという内容です。
この詩は、作家の井伏鱒二の手になる次の名訳によって有名になりました。

コノサカヅキヲ受ケテクレ
ドウゾナミナミツガシテオクレ
ハナニアラシノタトヘモアルゾ
「サヨナラ」ダケガ人生ダ

原詩の第3、4句にあたる「花に嵐のたとえもあるぞ　さよならだけが人生だ」の部分を、聞いたことのある人は多いでしょう。

漢詩には、他にも李白の「月下獨酌」といった、お酒をテーマにしたよい詩が数多くあります。

お酒をモチーフにした詩歌は、古今東西を問わず、たくさん生み出されてきました。もちろん日本にも、河島英五さんの「酒と泪と男と女」や八代亜紀さんの「舟歌」（阿久悠／作詞）などの名作が数多くあります。

酒とのつき合い方を45歳で見直す

お酒を飲まないと、なかなか話ができないという方も多いかもしれません。

しかし、お酒が入らなければ雑談が進まないということは、実はありません。

逆にお酒を飲むと、酔って余計な失言をしてしまうリスクが高まります。翌日、二日酔いで体調が悪くなることもあります。

私も20代から30代にかけての時期は、よくお酒を飲んでいました。

友人と二人してワインを一晩で数本空けたり、仲間で集まって、日本酒を一人で4合、5合と飲み続けたりしたものです。学生とのコンパに出ては、終電を逃して朝まで騒いでいたこともあります。

しかし経験を積むなかで、私の場合は夜通し飲もうとしても、たいてい夜中の2時頃には具合が悪くなることを自覚しました。それ以上に、深酒すると翌日の調子がとにかく悪いのです。

自分の身体はどうやらお酒に向いていないようだ。ハッキリそう気付いたのは、45歳頃のことでした。そんな年になるまで分からなかったのか？　と思われるかもしれませんが、人付き合いのために、お酒とは飲むものだ、と決めつけていたのです。

それから10年以上が過ぎました。私は酒席に出ることまでやめたわけではありませんので、パーティーなどの誘いは断りません。そうして会場では最初の乾杯だけお酒を口にして、それからはウーロン茶などのソフトドリンクを飲むようにしています。

そうして分かったことは、今の時代はお酒を飲まなくてもまったく問題は起こらないということです。

一昔前の大人の付き合いでは、酒量が多いのは誇らしい、お酒の誘いは断ってはいけないといった風潮がありました。しかし今は、飲酒の強要などは「アルハラ」（アルコール・ハラスメント）として批判を受けるようになっています。普通の人間関係のなかでは、お酒を無理強いされることはほとんどなくなっているのではないでしょうか。

先日、若い友人たちとの飲み会に参加した時のことです。参加者のなかに、お酒はまったく飲まず、4杯も5杯もコーラをおかわりしている人がいました。それで何か言われるわけではありません。

社交には、もはやお酒は必ずしも必要ありません。お酒に頼らない社交力を求められる時代が来ているのでしょう。

社交にお酒は必要ない時代

体質的にお酒に強く、楽しく飲めるという方は無理に止める必要はないかもしれません。

しかし、日本人の約半数はアルコールを肝臓で分解する酵素の働きが生まれつき弱く、こういう人は飲酒によって、食道や大腸、肝臓などのがんを発症しやすい、という研究結果もあります。

もう55歳のいい大人としては、最低限、自分のお酒の適量だけは把握しておきたいものです。

というのは、お酒をめぐる嘆かわしいニュースが、よく世を騒がせるからです。

芸能人の方がお酒に酔って不祥事を起こすことは、今に始まったわけではないのかもしれません。それでも「あんなに人気があるのに、なぜお酒なんかで積み上げたものを自分でぶち壊しにするのか」と悲しくなります。

あるいは、飲酒運転で重大な死亡事故が起きたという報道に接して、激しい憤りを覚えることもあるでしょう。

社交のために飲むお酒が、社交をだいなしにすることもあります。

よく「酒の上での失敗」と言いますが、会社の宴会や取引先との接待の席などで、飲み過ぎて酔っ払ってしまったばかりに「余計な一言」を口走り、社内での立場を悪くしたり、会社に損害を与えてしまうことも起こりえます。友人との関係にヒビが入ることだってあるでしょう。

そういうリスクを回避するために、「飲む必要がないなら、お酒は飲まなくてもいい」というふうに、考え方を変えてもいいと思います。

実際にお酒を止めてみると、以前とは雲泥の差です。

宴会でお酒に酔って訳の分からないことを言い、あとで激しく後悔することが一切なくなりました。当然、二日酔いも起こりません。お酒を飲まないことがこんなに楽だったのか、と実感しました。

「自分にはお酒が合わない」ということに45歳まで気付かなかったのは、遅すぎたぐらいです。

55歳以上の生活の中心は雑談

55歳の男性がこの先生きていくために必要な力を一つだけ挙げるとすれば、私は「雑談力」だと思います。

これが20代ならそうではありません。20代は、まずは仕事をきちんとすることが大事ですから、必要なものは「段取り力」や「まねる力」となるでしょう。

しかし55歳以降は、「雑談」の生活に占める割合が、どんどん大きくなっていくのです。70歳、80歳を過ぎれば、雑談がより重要性を増します。

世界を見渡してもそうです。

私がよく見ているNHKの紀行番組『世界ふれあい街歩き』は、毎回世界の街を一つ取り上げ、旅人の目線で街の風景や人々の暮らしぶりを紹介しています。

見ていると、地元の中高年以上の男性たちが、何をするでもなくただ集まり、日がな1

日、街角でお茶を飲んで語り合っているシーンによく出会います。昼間からビールを飲んでいる人もいます。チェスのようなゲームに興じている時もありますが、基本的には、ただおしゃべりしているのです。

彼らの生活のほとんどすべては、仲間との雑談で占められているのでしょう。

モニカ・ベルッチ主演の映画『マレーナ』の舞台でもあるイタリアのシチリア島では、男たちは毎日正装して街へ出て、カフェで1日お茶を飲んでいるそうです。

私は気分を換えてカフェで仕事をする機会も多いのですが、平日の昼間から、中高年の男性グループが楽しそうに雑談している姿を見ることもあります。

外国に比べるとまだまだ少ないでしょうが、最近日本でもそうした方が増えてきている印象です。

その時必要なものは、言うまでもなく雑談する相手です。そして、雑談する相手を見つけることができるかどうかは、その人の雑談力にかかっているのです。

お金をかけても磨きたい雑談力

とくに人生の後半戦においては、私は生活の中心に雑談を位置づけてもいいとさえ考えています。

私が以前、『雑談力が上がる話し方――30秒でうちとける会話のルール』（2010年、ダイヤモンド社）という本を出したところ、50万部を超える大ベストセラーになりました。雑談力を切実に必要としている人が多かったのでしょう。

版元主催の「私が薦めるこの1冊」というフェアの対象にこの本が入る際、版元の営業担当の山本さんという方が秀逸な推薦コメントを書いてくださいました。

英会話には何万円もお金をかけるのに、
なぜ日頃の会話を磨かない？
あなたを引き立たせるのは雑談力。
すぐ身について一生モノ。読めば誰かと話したくなる！

この本は、フェアに参加した76冊のうち、栄えある売上第1位を獲得することができたそうです。このコピーがなかったら、ベストセラーにはならなかったと思います。

このコピーの訴えることに、私も全面的に賛成します。

大金をかけて英会話を学んでも、日本で普通に暮らしている分には、英会話を使う機会はほとんどありません。外国人旅行者に道を聞かれて流暢な英語で説明できれば、それは相手は助かるでしょうし、自分も満足です。ただそれくらいなら、スクールに通わなくても独学で学べるのではないでしょうか。

それよりも、日常的に必要になる雑談力の向上にお金をかけるほうが、よほど身のためになります。なぜ、そこにお金とエネルギーを使わないのでしょうか。

それは、たいていの人が雑談を甘く考えているからに違いありません。言葉が話せるのだから、雑談は努力しないでもできると思っているのです。

しかし、それは間違いだと断言できます。

男性と女性の雑談力格差

お互いに面識のない人が集まるパーティーのような場で、新しく出会った人と話し、友人になるには雑談力が必要です。

こと雑談力にかけては、男性より女性のほうが明らかに上です。

また男性の中でも、雑談力がある人とない人の間では大きな差があります。

そして、これまで雑談力のなかった人が、努力もせずにそれを身に付けることは不可能です。

いま生涯学習のブームのなかで、市民大学やカルチャー教室に通う中高年の方が増えています。私もそういった場所で講師を長くしていましたが、そこで感じるのは、雑談力は女性のほうが圧倒的に優れているということです。

女性たちの中に男性が混じって雑談するのは、サッカーに例えるなら、日本代表チームに、サッカーサークルの大学生が入るようなものです。

男性は、自分よりはるか格上の存在に相手をしてもらっていることを自覚しなければなりません。もし55歳の男性が、女性に混じって雑談する機会を得られたなら、そのことに感謝し、女性たちを不愉快にさせないようにもてなすしかありません。

間違ってもセクハラやパワハラ的言動は禁物です。

各メンバーに好みを聞いて、前もってお菓子を準備するくらいのことをして、初めてバランスが取れるのです。

55歳を超えた男性と積極的に雑談したいという女性なんて、ほとんどいないということを知っておきましょう。

おじさんの話はなぜか長い

雑談力を上げるポイントはいくつかあります。

まず、手短で軽やかな発言を心掛けること。話を長くせず、一つの話は15秒ほどで納めます。

私は、コミュニケーションの基本単位を時間に換算すると、15秒だと考えています。ほとんどすべての場合において、15秒あれば充分にメッセージを伝えることができます。テレビCMが15秒なのも、それで意味のあることを伝えられるからです。

自分に話す順番が回ってきたとき、長い話をするのが一番よくありません。一つの話は15秒に納めること。5秒でもいいくらいです。

それにはパスを出すことです。

サッカーでもバスケットボールでも、チームの中で自分は下手だなと思ったら、パスが回ってきても、自分であまり長くボールを持たず、できるだけ早く次のパスを出すでしょう。下手なのに無理にドリブルを仕掛けようとして、敵にボールを奪われてしまうのはよくありません。

私はこのことを折りに触れて厳しく言うのですが、それでも中高年の男性は、話しだすと止まりません。

私が中高年男性向けのワークショップを開くときは、４人１組になり、１人15秒で自慢話をするというレッスンをよく行います。そのとき聞く人には、決して批判的にならず「すごいですね」という気持ちでいてもらいます。

こうしたルールを決めても、15秒で話が終わらない男性は、少なくありません。他人の自慢話がとくに不愉快に感じる理由は、内容よりもその長さにあるのですが、なかなかそれに気づいてもらえません。

しかし、時間を意識して話す訓練を積めば、短い言葉で終わらせることができるようになります。

結婚式でもその他のパーティでも、挨拶の長い人は珍しくありません。何かの記念式典だったそうですが、挨拶があまりに長く、聞いていた人が倒れてしまったという話を聞いたことがあります。

よほど面白い話は別として、多くの場合、挨拶というものは周りからすれば「仕方なく聞くもの」なのです。

話はできるだけ短く、というのが絶対の基本です。それができないようでは、社交力を上げるどころではありません。

ジョークは社会的成熟度のバロメーター

また、話の内容もできるだけ明るくすることが重要です。

松尾芭蕉はその晩年には「かろみ」（軽み）という境地を志向しましたが、これは何か言うだけで場を重くしてしまう55歳にこそ必要なものです。口を開けば深刻なことばかり、と思われがちな人は「かろみ」をことさらに意識するべきでしょう。

レイモンド・チャンドラーが生み出した私立探偵フィリップ・マーロウは、いつも気の利いたジョークを飛ばしています。それに限らず、外国の映画やドラマには、よくジョークの名手が登場します。いや、外国旅行先で会う街の人のジョークも、かなりセンスがいいと感じます。

私は、ジョークを言える人は、知的水準が高いと考えます。ジョークを言うことでその場がなごみ、人間関係がうまくいく。その価値に気付くべきです。

日本では、ジョークやユーモアの感覚に、それほど重きが置かれていません。

しかし、誰も傷つけないジョークで周囲の人を笑わせることができるなら、そういう人はたいへんな知性的な人です。大げさに言えば、ジョークに対する意識で、社会的成熟度を測ることさえできるでしょう。

ただし、的確なジョークを言うのはなかなか難しいもの。企業の偉い人にありがちですが、面白いことを言おうとして、それがセクハラになってしまったというのでは、元も子もありません。何を言っても滑ってしまうという人は、無理に言わなくても構いません。安全運転に徹しましょう。

そういう人は、まず、他人のジョークをきちんと笑うところから始めるとよいと思います。

ジョークを笑うことは、人間関係上の返礼に当たります。ジョークを聞いてもむすっとしているような人は、相手に失礼というものです。

ジョークには礼儀として笑え

55歳以降になってくると、場を和ませられる人と、場の重荷になってしまう人の差が大きく開いていきます。

私は、中高年以上の方を対象とする講演会を、これまで何百回もしてきました。

その経験から言うと、同じ中高年の聴衆でも「重さを感じるグループ」と「軽さを感じるグループ」に分かれます。

端的に言えば、前者は笑い方が下手で、後者はそれが上手です。

ちなみに偉そうにするだけのグループもあって、みな後ろにひっくり返るんじゃないかと心配するくらいふんぞり返っていました。正直に言えば、彼らの前ではもう二度と話したくないと感じたくらいです。

私は、たとえば「雑談力」をテーマにした講演であれば、「面白くないという理由で他人のジョークを笑えない人は、社会常識に欠けている人です」とハッキリ言います。するとみな「えっ？」という反応を示すのですが、そこで「笑うことがマナーですからね」と続ければ、多くの人は笑ってくれます。

言うまでもなく私はこれを、ジ、ョ、ー、ク、として言ったわけですが、そうまでしてもまだ、表情一つ変えない人がいる。

他人のジョークに笑えない人は、独善的で付き合いづらいと思われてしまいます。その場を和ませるために、礼儀として上手に笑う訓練が必要です。

そのうえで、自分も人を笑わせられるジョークが言えるようになれば最高です。

雑談は30秒

なかには30秒の雑談で、誰とでもうちとけることのできる人がいます。

こういう人のことを「社交性がある」と言うわけですが、実は社交性は、あまり性格とは関係ありません。引っ込み思案でも社交性のある人はいるし、社交的に見えてもただうるさいだけという人もいる。

社交性は、性格ではなく技術の問題です。この技術として磨くべきなのは、場面に応じた距離感の摑み方です。

家の近所で顔見知りとすれ違った時に、会釈するだけで通り過ぎる関係と、立ち止まって「先日の雨はすごかったですね」と30秒の雑談をして別れる関係を考えてみてください。もちろん30秒の雑談を交わせる間柄のほうが、その後よい近所付き合いをやっていけます。

私は毎日犬の散歩をしているので、近所の顔見知りの方々とよくすれ違います。犬が相手に寄って行けば、たいてい「かわいいですね」という一言をかけてもらえます。そこから「この道は前に工事をしていましたね」と話したりして、「ではまた」と別れる。

こうして会釈だけではなく、30秒でも雑談を交わす関係を築けていれば、その後何かの際には味方になってくれるに違いありません。

会社の同僚で、いつも仕事の合間に雑談を交わす間柄の人がミスをしても、自分がフォローしてあげようという気になるでしょう。逆に、普段何も話さないような人がミスをしたら、些細なことであっても責める気持ちが出てきてしまうはずです。

このことを分かってもらうために、私はワークショップで次のようなゲームを行います。

あらかじめ、初対面の人とペアになってもらいます。そして、相手が仕事上のミスをしたと想像してもらうのです。相手から「ミスしてしまいました」と言われると、「ああ、やらかしてくれたか……」と落胆した気持ちになる。

次は、まずペア同士で雑談してもらうのです。たとえばお互いに自分が偏愛しているものについて話してもらい、笑い合って上機嫌になる。その後で、先のミスをしたというシチュエーションを作り、片方に謝ってもらいます。

すると、「大丈夫、私がやっておくから！」と寛大な気持ちを抱けるのです。

雑談の威力を軽視してはいけません。

テニスとサウナと麻雀と

学校へ通っていた頃は、毎日話す同級生の友達がいたと思います。

学年が上がり、クラス替えで別々になってしまっても、休み時間になるとお互いの教室を行き来したり、放課後もファストフードの店でずっと話し込んだり。

先日電車に乗っていた時のことです。おそらくアイドルコンサートの帰りの女の子二人組が、その日の感想について、仲良くずっと話をしていました。話しても話しても、話が尽きないようでした。その姿を見て、お互いに本当にいい相手を見つけたのだな、と思いました。

55歳になってからも、そういう学生時代のような話し相手を見付けられたら、充実した人生が保障されたようなものです。

私と同年代の友人の話ですが、この年になってテニス仲間を見つけたそうです。以来、毎週日曜日に集まっては、真剣にテニスを楽しんでいると聞きます。

その友人は、「いい仲間といい習慣が一緒に手に入った」と喜んでいました。たしかにスポーツ仲間ができるというのは、精神の面でも健康の面でも充実感が生まれてきます。実際、その友人はまったく太ることなく、健康を維持しています。

私は週の決まった日の決まった時間に、スポーツジムに行ってトレーニングし、その後大好きなサウナに入ることにしています。

その時間にジムに来る人の顔ぶれはだいたい固定されていますから、そのうち顔見知りになります。今はそのジムに、軽い雑談をする相手が結構います。

私の叔父は麻雀仲間に恵まれました。叔父は仕事を引退した後、自宅に雀荘にあるような全自動の麻雀卓を設置して、仲間を呼び寄せました。ほぼ同じ面子で、毎日毎日、ひたすら麻雀を打つのです。

麻雀は、理想的な雑談空間を作ってくれるゲームかもしれません。

4人という、同じ話題で話すにはちょうどいい人数で行う。技術はそれなりに必要とはいえ、運の要素も強いので、勝ったり負けたりできる。のんびり話しながらできる。

私が学生だった昭和の頃は、麻雀が大学生の必須教養の一つでした。麻雀をやるのが日常で、私も友達と雑談しながら延々と打っていました。当時の麻雀仲間とは卒業後も付き合いが続いています。

テニスでも、麻雀でも、何でもいいと思いますが、55歳を過ぎてから、同じ趣味を持って、日常的に雑談できる相手がいると、毎日が楽しく過ごせると思います。

ギャラなしでも出たいラジオの魅力

亡くなった私の父は、模型を作ったり、木工細工でパイプを作ったりと、時間をかけて一人でコツコツ続けて完成させる趣味が好きでした。

私は、自分で作ったパイプを手に取って眺めてから、葉を詰めて火を点け、満足している姿を見ていたものです。

そんな父を見ていたから言えるのですが、時間と手間のかかる手仕事は精神衛生の面で非常にいいと思います。

ジグソーパズルに熱中している人もいます。それが完成したところで何か生まれるわけでもありませんが、大きな精神的満足を得られます。

精神的な満足を得られるという意味では、私は、ラジオを聴くことをお勧めします。

私は、2002年に始まっていまも続いている、おぎやはぎさんの「おぎやはぎのメガネびいき」（TBSラジオ）をよく聴きます。彼らはリスナーのことを「クソメン・クソガール」と呼んで、とても近い距離で語りかけています。

おぎはやぎさんとリスナーが、まるでファミリーのような雰囲気を出している感じがします。

もし孤立感を感じている人は、試しにラジオを聴いてみるといかがでしょうか。ラジオのなかには、自分が仲間入りできるような番組がきっとあるでしょう。投稿までする必要はありません。聴くだけで、すぐそばから語りかけてもらえているような気になるはずです。

ラジオは、非常にパーソナルな感情を呼び起こさせてくれるメディアです。この空気感の虜《とりこ》になってしまって、辞めたがらないタレントさんも多いそうです。

テレビに比べれば、露出の面ではどうしても分が悪いでしょうし、ギャラも抑えられているはずです。それでも彼らが続けたいと考えるのは、一つには、受け手（リスナー）との距離の近さがあるからではないでしょうか。リスナーというファミリーを大事にしたい、そんな気持ちの現れでしょう。

仙台の高校で同級生だったサンドウィッチマンの二人は、地元のラジオ局fmいずみで「サンドウィッチマンのラジオやらせろ！」という番組を、もう10年以上もノーギャラで続けているそうです。

2007年にM-1王者に輝き、いまでは「好感度第1位芸人」となるほど人気のサンドウィッチマンは、全国ネットの地上波テレビにひっぱりだこの存在です。

〝地元愛〟と表現するのは簡単かもしれませんが、もっと称賛してよいことだと思います。ギャラなしでも続けたいと思えるほど、ラジオとは魅力のあるものなのです。

ちなみにラジオ局のほうは、ギャラ支払いを再三申し出ているのですが、サンドウィッチマンは、売れない時代に使ってくれた恩義から、それを固辞しているそうです。

ラジオを聴くと心が潤う

私は寝室へ入った後で、スマートフォンのアプリを立ち上げてラジオを聴くことを日課としています。

ラジオ特有の、親しみの湧く自由な空間に浸っていると心が潤います。NHKの「ラジオ深夜便」の独特の空気感など、就寝前の私をリラックスさせてくれます。

55歳以上の人には、何よりも心の潤いが必要です。心の潤いとは、人との交流の中でもたらされるものです。私がラジオを聴いて心が潤うとすれば、それは人とつながっているという気持ちになれるからでしょう。

確かにラジオを聴いている時は一人です。しかし、聴いていて他のリスナーの投稿が読まれたりすると、リスナー同士のつながりも感じることができます。もちろんパーソナリティーがそういう雰囲気を醸し出してくれているのは言うまでもありません。

私自身、ラジオに出演することがけっこうあります。

故・永六輔さんの「永六輔の誰かとどこかで」（TBSラジオ）には、何回か出させていただきました。

番組で永さんと話していると、永さんとリスナーの距離がたいへん近いことに驚きます。

永さんには、まるでリスナーの顔が見えているかのようなのです。永さんが私に対して「この人たち（リスナー）はね、音読が好きなんですよ」と言った時は、そこにいるリスナーたちを、今まさに私に紹介してくれているかのようでした。

「大沢悠里ののんびりワイド」「生島ヒロシのおはよう一直線」（ともにTBSラジオ）にも呼んでいただいたことがあります。

大沢さんも生島さんも、永さんと同じで、リスナーの気持ちを完全につかんでいるのだなと思わせられました。

永さんは、旅行に出た時などに、旅先からリスナーの投書すべてに返事を出していたそうです。リスナーにとってみれば、神様のような存在だったでしょう。

私自身も、ラジオ出演後に永さんからハガキをいただきました。

ちなみにテレビの話ですが、私が「徹子の部屋」に出演させていただいた時は、後で黒柳徹子さんから、直筆メッセージ入りの色紙が届きました。永さんも黒柳さんも、そういう人間性だからこそ愛されるのでしょう。

正直に言えば、私は「出るのなら、テレビとラジオはどちらがいいか？」と問われたら、「ラジオ」と答えます。

テレビはさまざまな意味で制約が多く、発言の時間もなかなかありません。ラジオのほうが自由で、たくさん話すことができますから、自分を出しやすいと思うのです。

かつてはみなラジオを愛していました。

徳川夢声《むせい》さんのラジオ朗読「宮本武蔵」を家族みんなで聴きながら、武蔵と小次郎が戦う名場面を頭の中に思い描いていたものです。

映画もスポーツもレビューで復習

インターネット上には、さまざまな感想があふれています。

今日起こったニュース、いまやっているテレビ番組、さっき終わったプロ野球の試合、先週始まったロードショー作品……。森羅万象といっていいくらい、あらゆることをテーマに、みんなで雑談している印象です。

私はBSやCSで、ほぼ1日1本のペースで映画を観ているのですが、観終わった後には必ずその作品のレビューをチェックします。

レビューを書いているのは、その作品を深く鑑賞している熱心なファンが多いので、「そうか、あれはそういうことだったのか！」と気付かされることが少なくありません。

最近見た『クスクス粒の秘密』は、フランス南部を舞台にして、チュニジア移民の家族が船上レストランを開くまでを描いた作品です。

私が驚いたのは、物語の後半のシーンです。肝心の開店当日、レストランに食料が届かないことに困った家族は、時間稼ぎをしようとします。その方法とは……。

これはすごい映画だと思ってレビューを見たところ、私と同じように感じている人が多く、我が意を得た思いでした。

私は毎日、もしかしたら数百ものレビュー投稿を読んでいるかもしれません。

とくにFCバルセロナの試合を見た後は、必ずレビューを確認します。

レアル・マドリードとの「クラシコ」や、チャンピオンズ・リーグの決勝トーナメントのようなビッグマッチだけでなく、普通のリーグ戦の試合も見ているような人の目は確かです。

この選手の攻撃は、ここが効いていたとか、本当のマン・オブ・ザ・マッチはこの選手だとか、プロ解説者顔負けの的確なレビューが並びます。

とくにうれしいのは、私の意見と完全に一致することを書いているレビューを読んだときです。「おお、同志よ！」と、その見知らぬ投稿者の手を握りたくなります。私はこのような爽快感を得るために、レビューを見ているとも言えるのです。

レビューサイトは社交サロン

私自身はレビューを書き込むことはありません。こうして見ているだけで、私の精神に充足がもたらされます。レビューを見る深夜は、私にとってたいへん重要な時間です。

私は各サイトを覗いて、いろいろなレビューを見て回るのですが、これはネットサーフィンをしていると言うよりは、サロンに顔を出している感覚と言ったほうが近いでしょう。

私にとってインターネット上のレビューサイトは、もはや社交の場になっています。

社交とは、「そうだよね！」という気持ちを伝え合える、同じ趣味を持った仲間を見つけることでもあります。

たとえば自分がマイナースポーツの熱心なファンだったとして、これまでは同好の士を見付けるのだけでも多大な苦労を要しました。それが今やネット上には、テレビではなかなか放送されず、新聞にも載らないようなマニアックな試合についてだって語り合える空間があります。そこを訪れれば、親近感の持てる仲間に大勢出会えるのです。

その中には外国人の方もいます。英語が少しでも理解できれば、その国の人特有の考え方を知ることもできるでしょう。

素晴らしく、孤独にならない空間が、すぐ目の前に広がっているのです。

第6章　この人の老い方を見よ！

人生の先達の老年期に学ぶ

ここまで、55歳になったときに、どのように時間を使えばよいか、すなわち、どのようなライフスタイルを選べば幸せに過ごせるかということを、「仕事」「教養」「社交」の3本の柱を立てて考えてきました。

本書の最後となる第6章では、私たちにとって人生の師となりうる先達たちの老年期を参考に、老いを迎える心構えを探っていきたいと思います。

夏目漱石——若者を励まし世に送った人生の教師

人生の先達としての漱石の良さは、弟子などの若い人たちが集まる「木曜会」を作ったことです。

これは、毎週木曜日午後3時に漱石門人の面々が集い、文学談義に花を咲かせるというもの。場所は漱石の自宅でした。

漱石は、自分が忙しい時はその場におらず、弟子たちが勝手に集まって話していました。そういう距離感もいいと思います。

漱石は、『草枕』の主人公にも投影されているような人間嫌いの面があるにも関わらず、入門してきた弟子たちをすごく可愛がりました。

その弟子たちとは、物理学者の寺田寅彦、文芸評論家の小宮豊隆、作家の森田草平、内田百閒《ひゃっけん》、久米正雄、芥川龍之介ら。

この木曜会から、芥川、そして和辻哲郎などの門人が次々と世に出ていったのです。

漱石は、弟子たちに話したいだけ話をさせた後、とにかく彼らを褒めて勇気づけました。漱石が褒めたことによって伸びた人も多いでしょう。

漱石は久米と芥川への連名宛で、次のような手紙を送っています。

「牛になる事はどうしても必要です。吾々はとかく馬になりたがるが、牛には中々なり切れないです。（中略）あせつては不可《いけま》せん。頭を悪くしては不可せん。根気ずくでお出でなさい。世の中は根気の前に頭を下げる事を知つてゐますが、火花の前には一瞬の記憶しか与へて呉れません。うんうん死ぬ迄押すのです」

「牛は超然として押して行くのです。何を押すかと聞くなら申します。人間を押すのです。文士を押すのではありません」（『漱石書簡集』）

あるいは芥川に対しては、『鼻』を読んで「敬服しました」「文壇で比類ない作家になれます」とも書き送っています。

芥川は漱石からこのように励まされ、大作家へと成長していくのです。

また『銀の匙《さじ》』の中勘助が、漱石の絶賛によって世に出たことは有名です。

『漱石書簡集』には、他にも漱石が家族、知人、弟子たちに宛てた手紙が多く掲載されています。これらからは漱石の気概がグイグイと伝わってきます。また漱石の人間性の素晴らしさも分かります。

これらの手紙は、人を誉め、励ますことの大切さを教えてくれます。若い人に対しては、未熟な部分をくさすのではなく、いいところを見つけて褒めてあげることが、何より大事なのです。

夏目漱石は、作家として数々の名作を遺しましたが、同時に私たち全員の教師として、日本全体を教育した人でもあるのです。

孔子——自分を欲してくれるならどこへでも行く

中高年期から老年期を生きていくにあたっては、孔子も参考になります。『論語』に孔子の老年期の言葉が多く収録されています。それは『論語』が、老年期に入った孔子が放浪の旅に出た際に、同行していた弟子たちが、旅の中で孔子が発した言葉を書き記したものだからです。

その旅の様子は、下村湖人の『論語物語』（講談社学術文庫）を読んでいただくのが、いちばん分かりやすいと思います。タイトルの通り、孔子と弟子たちの放浪のなかで、『論語』が生まれていく過程が物語として描かれています。

ここには、孔子の老年期の様子や、それぞれの言葉が発せられた時の状況が書かれていて大変興味深い。『論語』そのものに挑むのでももちろんいいのですが、はじめは物語として読むほうが、読者の方は『論語』がリアルに理解できると思います。孔子は聖人君子のような人間でしたが、寝坊した弟子に「私は人を信用するのを止めた」と言って怒るなど、人間らしいところがあったことも分かります。

そして、放浪に同行した弟子たちも、それぞれに個性があって魅力的です。

私はだいぶ前からこの本の素晴らしさを訴え続けており、学生への課題図書にも指定しています。読み終えた学生は、みな喜んでいます。

もう一冊、やはり読みやすさという点でお勧めなのが、中島敦の小説『弟子』です。主人公は「孔門十哲」の一人に数えられる子路《しろ》。その子路が孔子と出会い、やがて仕官先の政変に巻き込まれて亡くなるまでを書いた作品ですが、弟子から見た孔子の像がよく書かれています。『論語物語』とセットで読んでみるといいでしょう。

『論語』には、老年期に入った孔子の心の痛みや悲しみが多く書かれています。とくに顔回《がんかい》という愛してやまない弟子に先立たれた時は、孔子は慟哭《どうこく》します。それは弟子から見ると、孔子らしくない、異常な悲しみ方でした。

そして孔子はこう言うのです。

「噫《ああ》。天、予《わ》れを喪《ほろぼ》せり」（ああ、天は私をほろぼした）

自分の後継者と認めていた顔回の死は、これほどまでに孔子に衝撃を与えたのです。あるいは孔子の不遇を見かねた弟子たちと孔子のやり取りも印象的です。

弟子の一人である子貢《しこう》が、孔子に出仕の意思があるかを聞こうと思ってこうたずねます。

「ここに美しい玉があるとします。箱に入れてしまっておくのがよいでしょうか、それともよい値で買ってくれる人を求めて売るのがよいでしょうか」

それに対して孔子はこう答えます。

「之れを沽《う》らん哉、之れを沽らん哉。我れは賈《あたい》を待つ者なり」（「売ろう、売ろう。私はよい値で私を買う人を待つ者だ」）

「美しい玉」とはもちろん孔子のこと。素晴らしい人格や能力があっても、箱にしまっているだけでは意味がない。買い手がいれば売るほうがいいという話です。

つまり孔子は、自分を欲してくれるところがあれば、どこへでも行くと答えたのです。孔子には、老年期に入っても、そう思える心意気があったというわけです。

そんな孔子に、あるとき仕官のオファーが届きます。ただしそれを言ってきたのは評判の悪い領主で、「先生が行くようなところではありません」と弟子たちは止めようとしますが、孔子は受け入れます。

私はそういう孔子に潔さを感じます。評判の悪い人からの申し出さえも「自分を評価して使いたいという人がいるのなら、そのために働きたい」と考えるのです。

この世に関わって生きていたいという意思は、孔子にとって非常に重要なものだったのです。

孔子は老年期に何年も放浪を続けました。当時の放浪には身の危険も大きく、実際に、山賊に囲まれたこともあったようです。

孔子は最後、泰山に向かって、悟りの境地へ達します。この部分はぜひ『論語物語』で読んでください。

孔子の生涯からは、人生後半にさしかかってから訪れる喪失の悲しみや、仕事との向き合い方など、学べるところがとても多くあるのです。

老子・荘子――世俗から離れ無為自然に生きる

『論語』に代表される儒教思想と並んで、中国古典の一大潮流をなしているのが老荘思想です。

ただし、その内容は対照的です。孔子の思想の中心が、努力して人間として徳を積んで立派に生きていくことなのに対し、老荘思想は世俗的な常識や価値観に囚われません。あるがまま「無為自然」に生きて充足することを重視するのです。

この意味で、本格的な老年期に入った後に向いているのは、『論語』よりも『老子』『荘子』のほうかもしれません。

また、老荘思想のほうは宗教的といっていい部分があります。

老子の短い文章の中にある「知足（足るを知る）」とは、自分の持ち分に満足して欲張らない生き方のことです。

世の中から距離を取ったところで落ち着く。自分の中にある自然に向き合って、無理をせずに生きる。欲望にかられることなどない。

こういった、世俗的な欲や世の中のしがらみから離れた自由な生活は、仕事一辺倒のライフスタイルからのシフトを目ざす55歳には魅力的です。

老子の文章には「落ち着き」という言葉がよく当てはまります。東洋人の老年期の心の持ち方には、やはり老子は合っていると思うのです。

老子に触発され、気功法を習得して長生きを目指したり、さらに道教の修行をしてみるというのもいいかもしれません。

「老荘思想」とまとめて言い表しますが、実は荘子は老子とは少しタイプが異なります。

ただ、自然と一体になった生き方を説くという面では、荘子も老子とほぼ同じだと言えるでしょう。

荘子の著書とされる『荘子』には、日本人にも親しまれている有名な寓話が多く入っています。

たとえば、料理用の包丁の語源となった料理人を描く「庖丁《ほうてい》」や「胡蝶の夢」「井の中の蛙」などは、『荘子』に出てくるエピソードです。

とくに、自分が蝶になった夢を見た荘子が、目覚めたのちに自分が夢のなかで胡蝶に変身したのか、胡蝶がいま夢のなかで自分になっているのか分からなくなってしまう「胡蝶の夢」には、荘子の宇宙観がよく現れていてとても面白いと思います。

老子、荘子ともに、その思想を解説した本や、エピソードの漫画版も出ています。これらを読んで、老荘思想に馴染んでみるといいでしょう。

孫子——生き抜くには戦略的思考が必要

『孫子』は、軍事思想家であった孫武《そんぶ》の作とされる兵法書です。

前項の老荘思想が、どちらかといえば引退後の暮らし方の参考になるのに対し、こちらはまだ現役の方向けと言えるかもしれません。

近年ビジネス書として脚光を浴びている『孫子』。私も以前『使える！「孫子の兵法」』（2012年、PHP新書）という本を書いたことがありますが、この兵法書の中心は、生き抜くためには戦略的思考が必要だということです。

55歳世代でも、ビジネスの最前線で指揮を執っておられる方なら、将軍（リーダー）のあるべき姿や振る舞いを学ぶという点で、とても参考になるでしょう。

『孫子』は、ダメな軍隊には6つのタイプの兵士がいると記します。

①秩序なく逃走する兵士　②たるみきっている兵士
③士気が落ちてしまう兵士　④組織を崩してしまう兵士
⑤規律などを乱す兵士　⑥負けてしまう兵士

こう書くと、会社の中の誰かの顔を思い浮かべる方も多いと思いますが、『孫子』はすぐ、「これらはすべて、率いるリーダーの責任だ」と書くのです。

たとえば、10倍の兵力差があるのに無謀な戦いを挑ませるから逃走するのであり（①）、リーダーが弱腰で威厳もないから規律もなく混乱するのだ（⑤）。

そんな耳の痛い話が続きます。

この他にも、有名な、

「彼を知り己を知れば百戦殆《あや》うからず」

「百戦百勝は善の善なる者に非ざるなり。戦わずして人の兵を屈するは、善の善なる者なり」

など、ビジネス教養としても、とても面白い内容です。

いまリーダーであったり、これからまだまだリーダーを目ざすぞという方は、ぜひ読まれてみてはいかがでしょうか。

ブッダ――生にも死にも執着しない最高の模範

80歳まで生きたとされるブッダは、紀元前の当時としては、相当長生きした人です。

その生涯を書いた本は、中村元《はじめ》先生の『ブッダ最後の旅』や『ブッダの言葉』をはじめとして多くあります。

それらによると、ブッダの最期は次のようなものでした。

ある時ブッダは、鍛冶職人の子であるチュンダより招待を受けてその家を訪れます。講話を聴いたチュンダが感動し、ブッダとその弟子たちを招いたのでした。

その夜、チュンダが用意した料理を見てブッダは、キノコ（豚肉という説もあります）料理は自分にだけ出すようにして、弟子たちには他の料理を出すように言います。そして、一人だけキノコ料理を食べたブッダは、血混じりの下痢に襲われ、床に伏してしまうのです。

老齢のブッダはすでに自分の死を予感していたともいいます。この時の弟子を伴った行《あん》脚《ぎゃ》は、死出の旅であったとも伝えられています。

危険なキノコを食べることが、自らの死を早めることになるのは充分分かっていても、ブッダはチュンダの気持ちを受け取ったのです。

次のようなブッダの言葉を知れば、ブッダが生にも死にも執着していないことが分かるでしょう。

「たとい百歳を生きたとしても、終には死に帰着する」

「歩んでいても、とどまっていても、ひとの命は昼夜に過ぎ去り、とどまりはしない。——河の水流のようなものである」

入滅したブッダを弟子や会衆のみならず、動物までも取り囲んで悲しんでいる「仏涅槃図」は有名です。

55歳を過ぎ、やがて確実に老いが視野に迫ってくる私たちにとって、そろそろブッダの教えが、身にしみ始める時期です。

イエス・キリストがキリスト教徒の方の模範となるように、ブッダもまた、私たちの最高の模範となってくれるでしょう。

良寛・一休——最期まで自分に正直に生きる

僧侶から老年期を学ぶとした場合、ここではあえて良寛と一休との2人を挙げてみることにしましょう。

この2人は最期まで自分に正直に生きた人でした。また亡くなるまで女性と交際していたことでも共通しています。良寛は70歳を過ぎて、40も年下の貞心尼と恋愛関係を結んだといわれます。

深い雪の中、良寛を慕って留守中に訪ねて来た貞心尼《ていしんに》の残した歌と、それに対して「毬をつくように、二人で仏道を修行しましょう」という意味を込めた良寛の返歌は有名です。

これぞこの　仏の道に　遊びつつ　つくや尽きせぬ　御法《みのり》なるらむ
つきてみよ　一二三四五六七八《ひふみよいむなや》　九十《ここのとお》　十《とお》と納めて　また始まるを

良寛は曹洞宗の僧侶ですから、立場上恋愛はふさわしくありません。しかし良寛は、貞心尼の思いを受け止め、残りの生涯を彼女と共に過ごします。

子供と遊ぶのが好きで、かくれんぼで子供が帰っても一人で隠れていた、とまで言われるほどの純真さや素朴さが、まだ若い貞心尼を惹きつけたのでしょうか。

一休は生涯に何人もの女性と交際したと言われる破天荒な禅僧です。常識といったものとはまったく無縁の人物で、自らを「風狂の狂客」と称し、『狂雲集』という破戒と非常識に満ちた漢詩集も出しています。

一休の逸話を集めたとされる「一休咄」によれば、一休はある年の元旦、骸骨を竹竿に刺して掲げ、各家を訪ねて歩いたといいます。目が出ていた穴を残しているから「この髑髏より外にめでたきものはなし」ということだったそうです。正月でみんな浮かれているときに「誰でもこうなるんだぞ」というメッセージを送る彼の死生観は、注目に値します。

一休の記録は多く残されています。アニメの主人公のイメージでしか一休のことを知らない人は、その実像に触れると驚くことでしょう。

松尾芭蕉——全国各地の弟子たちを訪ね歩く

松尾芭蕉の功績は、俳句の世界で「蕉風」というスタイルを作り上げ、俳句の持つ芸術的価値を格段に高めたことにあります。

芭蕉によって、俳句は人生の深いところや芸術的な一瞬を切り取るものに変わっていきました。

素晴らしいのは、芭蕉のスタイルを気に入ったお弟子さんたちが全国に現れたことです。芭蕉の代表的な俳諧紀行文である『おくのほそ道』は、西行ら先人たちの跡をたどり、弟子たちを訪ね歩くことで生まれました。芭蕉の行く先々には弟子たちが待っていて、そこでは句会が開かれることになります。

国文学者の故・尾形仂《つとむ》さんによる『座の文学――連衆心と俳諧の成立』が詳しいのですが、芭蕉は弟子たちと俳句を詠み合う「座」を大切にしていました。

弟子たちとの句会では、最初の人が五七五の発句を出し、そこに次の人が七七を付けて、また次の人が五七五と付ける「連句」という形式で進みます。36句続けると歌仙といって座が終わり、その後は批評し合って楽しむのです。蕉風門下において、この句会は心が沸き立つような祝祭空間だったに違いありません。

いわば芭蕉は自分がリーダー的立場になり、メンバーを率いてチームで俳句世界を作っていったとも言えるでしょう。

実は、芭蕉のもっとも有名な句の一つである「古池や蛙飛びこむ水のおと」も、弟子たちとの共同作業によって完成しています。もとは「山吹や蛙飛ンだる水の音」だったものが、弟子たちのとディスカッションを通して変化していったというのです。

55歳世代も、芭蕉のように若い人たちを導いていけたら素晴らしいと思います。

貝原益軒――長生きしたいなら「気を養う」こと

江戸時代の儒学者、本草学者であった貝原益軒《えきけん》は、85歳という当時としてはたいへんな長寿をまっとうした人物です。実は生まれつき身体が弱かったために養生せざるを得ず、いろいろ気を付けていたら結果的に長生きになったようです。

益軒が83歳の時に著したのが『養生訓』です。全8巻に及ぶこの書で、益軒は身体を養い、自らの命を生き切るための養生の「術」を説いています。

益軒は長生きのメリットを次のように語ります。

「長生《ながいき》すれば、楽《たのしみ》多く益多し。日々にいまだ知らざる事をしり、月々にいまだ能《よく》せざる事をよくす。この故に学問の長進する事も、知識の明達なる事も、長生せざれば得がたし」

つまり長生きすれば、それだけ楽しみが多いし、これまで知らなかったことを知り、いままでできなかったこともできるようになると言っているのです。

また益軒は、人間には飲食の欲や好色の欲といった「内欲」があり、一方で「風寒熱湿」といった天候の変化による「外邪」があって、この二つが体調を崩す元であると言います。そして益軒はこれらを排するためには「気を養ふべし」と説きます。

「心を和《やわらか》にし、気を平《たい》らかにし、いかりと慾とをおさへ、うれひ、思ひ、をすくなくし、心をくるしめず、気をそこなはず、是《これ》心気を養ふ要道なり」

健康に気を遣うことは55歳からの生き方にはますます重要になってきますから、益軒の養生術に学んでみるのもよいでしょう。

なお益軒は、「50歳くらいにならないと、血気がまだ不安定で知恵も開けない」と言っています。江戸時代当時に「50歳から開けてくる」というのはずいぶん無茶な話かと思いますが、現代の私たちからしてみれば、これは心強い言葉です。

伊能忠敬――生涯現役を貫いた〝ポジティブ隠居〟

生涯現役を貫いたということで参考になるのが伊能忠敬《ただたか》です。

日本全国を歩いて測量し、実測にもとづいた初めての日本全図を作成するというこの大偉業は、彼が50代に入ってから始めたものです。

忠敬は17歳で、伊能家に婿入りします。伊能家は酒や醤油の醸造、貸金業を営む名家でした。忠敬が養子に入ったとき、すでに家業は傾いていたのですが、当主となった忠敬は家業を回復させることに成功します。

49歳で家督を譲った忠敬は、50歳になって江戸に出て、天文学者の高橋至時《よしとき》の門に入ります。かねて興味を持っていた、暦学や測量術を学びたかったのでした。

その後、幕府の許可を受け、東北蝦夷地の測量を行ったのが1800年のこと。そのとき忠敬は55歳でした。55歳とは、伊能忠敬が歩きはじめた年齢だと覚えておくと、やる気が出てくるでしょう。

以後、忠敬は17年間にわたって各地を歩き、地図を作成していきます。

晴れて『大日本沿海輿地全図』が完成したのは、1821年のこと。忠敬はその3年前に、当時としてはかなり長寿の73歳で亡くなっており、門弟たちが残りの作業を進めたのでした。

忠敬の後半生は、日本史のなかでももっともポジティブな隠居話と言ってよいでしょう。

忠敬は、まずは家業に専念して、経済基盤を安定させます。そして家を隆盛に導いたのち、隠居して自分のやりたかった学問の道に入る。さらにその後、社会貢献と言うべき新事業に取り組む。

まさに、本書で目ざしてきたような人生を生きているのです。

たとえば50歳から勉強をはじめ、5年かけて専門職大学院に通ったり、資格を取得したりして、その道のプロになるようなものでしょう。実際、いま定年後に学校に通い、資格を取得して開業する人も増えているそうです。

後半生にそれまでとはまったく別の形で働き、社会貢献をしていくのは、一つの理想的な生き方です。

おわりに

２０１９年2月、日本文学研究の第一人者だったドナルド・キーンさんが、96歳で亡くなりました。

キーンさんは、18歳の時に「源氏物語」に出会って日本文学に魅了されて以来、日本文学の研究を通して80年近くも日本と日本人を見つめ続けました。２０１２年3月には、日本国籍も取得しています。

「今も未来も守るべきものはあります。それは日本語です」

「ぜひ守ってください。これこそは私の一番の願いです」

生前キーンさんは、そう語っていました。

本書ではここまでに、55歳を迎えた時に、どのような気持ちを持つべきか、また、何をして過ごせばいいか、私の考えていることを述べてきました。

最後に私がお勧めしたいのが、キーンさんの生き方に学ぶことです。

人生後半戦に突入した私たちは、キーンさんをよすがにして新たな学びを始めることで、さまざまな世界に触れることができるからです。

1922年にニューヨークで生まれたキーンさんは、早熟の天才で、飛び級を繰り返して16歳の時に米コロンビア大学文学部に入学しました。

2年後、タイムズ・スクエアの書店でたまたま手に入れた「源氏物語」の英訳本を読んで感動したキーンさんは、日本文学の研究へと進むことを決意します。太平洋戦争中は米海軍に従軍して日本語の通訳官を務め、日本人捕虜の尋問などに携わりました。

戦後、日本文学の研究に本格的に取り組み始めたキーンさんは、50年代に京都大学大学院に留学し、日本文学の研究を通じて三島由紀夫や安部公房らの著名作家とも交流していきます。

キーンさんは東山文化に魅了されました。室町時代の1467年から約11年間続いた応仁の乱により、京都は焼け野原になりました。しかしその数年後に銀閣寺が創建され、東山文化が花開くことになるのです。そしてこの東山文化は、日本の美意識の基本になっていきます。

形あるものが滅んでも、美の意識は残り、続いていく。これを継承するものが言葉です。キーンさんは「一番強いものは言葉」だと強調します。

キーンさんの主要研究対象の一つが「日記」でした。

その成果は、『百代の過客』（講談社学術文庫）という著書にまとめられています。

この本は、平安時代の『土佐日記』から江戸時代の『おくのほそ道』まで、80編の日記の読解を通じて日本人の像を探求したものです。

キーンさんは日記の研究の過程で高見順の『敗戦日記』に出会います。これを読んだ時、敗戦後の日本人が、絶望の中でさえ混乱に陥らず、静かに配給の順番を待っていることに感動します。その姿をとても日本人らしいと思ったそうです。

2011年3月に東日本大震災が起きた後、日本人の冷静な態度に接したキーンさんは、まっさきにこの日記を思い出したと語っています。

そしてその後の2012年3月、キーンさんは「日本人と共に生きる」として日本国籍を取得し、日本に永住したのです。

日本を愛し、老いてもなお、日本の美の研究を進めたキーンさんの姿を見ると、私たちも、もう1回勉強してみようと思います。

「『源氏物語』を現代語訳でもいいので、是非読んでほしい」

キーンさんは生前にそう繰り返していました。そう言われれば、日本人であるのに『源氏物語』の現代語訳ですら読んでいないことを、恥じる気持ちも生まれます。

キーンさんには多くの著書があります。そのうち、あるテーマに興味が見つかれば、そこから世界が広がっていくでしょう。

モンゴル人がモンゴルを愛すように、アイルランド人がアイルランドを愛すように、私たち日本人は日本を愛しているでしょうか。

日本の文化を理解していると胸を張れる人、そして銀閣寺の歴史と魅力について1時間語れる人は多くはないでしょう。

私はナショナリズムを肯定したいのではありません。しかし自分自身の中に生きている日本の文化を学び直してみることは、私たちにとって大切なことなのです。

キーンさんから学べば、日本文化の世界が開かれます。

源氏物語に開かれ、日記文学に開かれ、東山文化を通して日本の美の世界に開かれていきます。

その扉が開けば、先には広く深い世界がある。10年、20年の時があっても、学び終えることはないでしょう。

55歳を過ぎて、そして老年期に入っても、充実した人生につながるはずです。

この本が世に出るにあたっては、坂田拓也さんとＮＨＫ出版放送・学芸図書編集部の星野新一さんから、大きなご助力を頂きました。ありがとうございました。

２０１９年４月

齋藤 孝

主要参考文献

・荒木繁、池田廣司、山本吉左右編注『幸若舞 3　敦盛・夜討曽我』平凡社東洋文庫、1983年
・ハイデガー著、熊野純彦訳『存在と時間』岩波文庫、2013年
・齋藤孝訳『論語』ちくま文庫、2016年
・西郷隆盛著、山田済斎編「南洲翁遺訓」『西郷南洲遺訓 附 手抄言志録及遺文』岩波文庫、1991年
・デカルト著、谷川多佳子訳『方法序説』岩波文庫、1997年
・安藤貞雄訳『ラッセル幸福論』岩波文庫、1991年
・ニーチェ著、手塚富雄訳『ツァラトゥストラ』中公文庫プレミアム、2018年
・俵万智『サラダ記念日 新装版』河出書房新社、2016年
・黒田夏子『ａｂさんご』文藝春秋、2013
・森敦『月山』河出書房新社、1974年
・谷崎潤一郎「幇間」『刺青・秘密』新潮文庫、1969年
・ドストエフスキー著、亀山郁夫訳『罪と罰』光文社古典新訳文庫、2008年
・小林勝人訳注『列子』岩波文庫、1987年
・宮沢賢治「虔十公園林」『新編 風の又三郎』新潮文庫、1989年
・宮沢賢治「雨ニモマケズ」『新編 宮沢賢治詩集』新潮文庫、1991年

・片田珠美『無差別殺人の精神分析』新潮選書、2009年
・福沢諭吉『学問のすゝめ』岩波文庫、1978年
・福澤諭吉著、斎藤孝訳『学問のすすめ 現代語訳』ちくま新書、2009年
・トマ・ピケティ著、山形浩生、守岡桜、森本正史訳『21世紀の資本』みすず書房、2014年
・梶原正昭、山下宏明校注『平家物語』岩波文庫、1999年
・古川薫全訳注「留魂録」『吉田松陰 留魂録』講談社学術文庫、2002年
・美輪明宏、齋藤孝『人生讃歌――愉しく自由に美しく、又のびやかに』大和書房、2004年
・水木しげる『水木サンの幸福論』角川文庫、2007年
・小林弘幸『なぜ、「これ」は健康にいいのか?』サンマーク出版、2011年
・村上和雄『スイッチ・オンの生き方』致知出版社、2011年
・西尾実、安良岡康作校注『新訂 徒然草』岩波文庫、1985年
・安田登『疲れない体をつくる「和」の身体作法――能に学ぶ深層筋エクササイズ』祥伝社黄金文庫、2011年
・夏目漱石『草枕』岩波文庫、1929年
・奥田昌子『欧米人とはこんなに違った日本人の「体質」――科学的事実が教える正しいがん・生活習慣病予防』ブルーバックス、2016年
・三好行雄編『漱石書簡集』岩波文庫、1990年
・下村湖人『論語物語』講談社学術文庫、1981年

・中島敦「弟子」『李陵・山月記』新潮文庫、2003年
・中村元訳『ブッダ最後の旅――大パリニッバーナ経』岩波文庫、1980年
・中村元訳『ブッダの真理のことば・感興のことば』岩波文庫、1978年
・尾形仂『座の文学――連衆心と俳諧の成立』講談社学術文庫、1997年
・貝原益軒著、石川謙校訂『養生訓・和俗童子訓』岩波文庫、1961年
・ドナルド・キーン『私が日本人になった理由――日本語に魅せられて』PHP研究所、2013年
・齋藤孝『成熟力――「45歳から」を悔いなく生きる人生のリスタート！』パブラボ、2013年
・齋藤孝『退屈力』文春新書、2008年
・齋藤孝『雑談力が上がる話し方――30秒でうちとける会話のルール』ダイヤモンド社、2010年

齋藤 孝 さいとう・たかし
1960年静岡県生まれ。東京大学法学部卒業後、
同大大学院教育学研究科博士課程等を経て、
現在明治大学文学部教授。
専門は教育学、身体論、コミュニケーション論。
日本語ブームをつくった『声に出して読みたい日本語』
(草思社／毎日出版文化賞特別賞)など、ベストセラー著書が多数ある。
NHK Eテレ「にほんごであそぼ」総合指導をはじめ、
テレビ・ラジオ・講演等多方面で活躍。

NHK出版新書 585

55歳からの時間管理術
「折り返し後」の生き方のコツ

2019年5月10日　第1刷発行

著者 齋藤 孝
発行者 森永公紀

発行所 NHK出版
〒150-8081東京都渋谷区宇田川町41-1
電話 (0570) 002-247 (編集) (0570) 000-321 (注文)
http://www.nhk-book.co.jp (ホームページ)
振替 00110-1-49701

ブックデザイン albireo

印刷 壮光舎印刷・近代美術

製本 二葉製本

Printed in Japan ISBN978-4-14-088585-7 C0295

NHK出版新書好評既刊

マルクス・ガブリエル
欲望の時代を哲学する
丸山俊一
＋NHK「欲望の時代の哲学」制作班
若き天才哲学者の密着ドキュメント番組を書籍化。哲学の使命とは何か？ 日本の「壁」とは何か？ 平易な言葉で「戦後史」から「日本」まで語りつくす！
569

手帳と日本人
私たちはいつから予定を管理してきたか
舘神龍彦
旧日本軍の「軍隊手牒」から現代の奇怪な「スピリチュアル系手帳」まで。知られざる手帳の歴史から、日本人の時間感覚や仕事観を解き明かす！
570

「AI資本主義」は人類を救えるか
文明史から読みとく
中谷 巌
人類誕生から資本主義勃興にいたる広大な歴史をふまえ、AI登場によって劇的な転換を遂げる人類と世界の未来を展望する。
571

大乗仏教
ブッダの教えはどこへ向かうのか
佐々木 閑
「自己鍛錬」を目的にした釈迦の教えは、いつ、どこで、なぜ、「衆生救済」を目的とする大乗仏教に変わったか？「対話」から大乗仏教の本質に迫る。
572

フロムに学ぶ「愛する」ための心理学
鈴木 晶
愛は、誰もが生まれながらに持っているものではなく、学ぶべきものだ。ベストセラー『愛するということ』の翻訳者が、フロム心理学の奥義を極める。
573

キャッシュレス覇権戦争
岩田昭男
日本で吹き荒れるキャッシュレスの大嵐。300兆円消費市場を誰が制するか？「信用格差社会」をいかに生き抜けばよいか？ 現金消滅時代の正体！
574

NHK出版新書好評既刊

世界史を「移民」で読み解く
玉木俊明

文明の興亡、産業革命と列強の覇権争い、ヨーロッパ難民危機……。「人の流れ」はいかに歴史を変えたのか!? 経済史研究の俊英が明快に説く!

575

学校では教えてくれない!
英文法の新常識
鈴木希明

「学校英文法」の世界は、時代と共に大きく変化している! 多くの人が高校時代に習った古い情報と比べながら読み解く、目からウロコの現代英文法。

576

さまよう遺骨
日本の「弔い」が消えていく
NHK取材班

遺骨・墓問題に翻弄される人々の声を広範かつ丹念にすくい上げたNHK取材班が、「無縁化」する社会における弔いの最近事情をリポートする。

577

なぜ大谷翔平は
メジャーを沸かせるのか
ロバート・ホワイティング

大谷が花開いたのは先達の苦闘があったからだ。愛憎のエピソードを軽妙に描きながら「大谷現象」とその背景を解き明かす、唯一無比の野球論!

579

自閉症という知性
池上英子

「普通」って何だ? 世界の「見え方・感じ方」が異なる自閉症当事者たちを訪ね、「症状」という視点からは理解できない、驚くべき知性を明らかにする。

580

おとなの教養2
私たちはいま、どこにいるのか?
池上 彰

AIからキャッシュレス社会、日本国憲法まで。歴史や経済、政治学の教養をベースに、わかりやすい解説で問題のみなもとにまで迫る第2弾!

581

NHK出版新書好評既刊

宅地崩壊
なぜ都市で土砂災害が起こるのか
釜井俊孝
豪雨や地震による都市域での土砂災害は、天災なのか？ 戦後の「持ち家政策」の背景と宅地工法を辿り、現代の宅地の危機を浮き彫りにする！
582

腐敗と格差の中国史
岡本隆司
なぜ党幹部や政府役人の汚職がやまないのか？ なぜ共産主義国で貧富の差が拡大するのか？ 実力派歴史家が超大国を蝕む「病理」の淵源に迫る！
583

富士山はどうしてそこにあるのか
地形から見る日本列島史
山崎晴雄
関東平野はなぜ広い？ リアス海岸はどうしてできる？ 富士山が「不二の山」の理由とは。足下に広がる大地の歴史を地形から読む。
584

55歳からの時間管理術
「折り返し後」の生き方のコツ
齋藤 孝
いよいよ「人生後半戦」に突入した50代半ば。気がつくと〝暇〟な時間が増えてきた。ついに手に入れた自由な時間を、いかに活用すればよいか？
585

人体 神秘の巨大ネットワーク
臓器たちは語り合う
丸山優二
NHKスペシャル「人体」取材班
生命科学の最先端への取材成果を基に、従来の人体観を覆す科学ノンフィクション。大反響を呼んだNHKスペシャル「人体」8番組を1冊で読む！
587